だいわ文庫

できるリーダーは「教えない」

「自分で考えて動く部下」を育てるコツ

伊庭正康

JN083629

大和書房

はじめに

なぜ、部下に〝教えて〟はいけないのか

部下の「本気」を引き出す、たった1つの鍵

まず、はじめに。

この本は、**強いリーダーシップを発揮するのが苦手で、「リーダーなんて自分に務まるのかな」と感じている人**に向けて書きました。

部下を本気にする方法がわからずに困ることはないですか。

Z世代や年配の部下、海外出身の部下を本気にさせるコツを知りたくないですか？

良い方法があります。

「自己決定感」を持たせることです。

自己決定感とは、読んで字のごとく「自分が決めた」という感覚のこと。

平たく言うと、「自分がやりたいと思ったから、やった」という状況をさします。

多くの研究で、自己決定感を高めるだけで、勝手に主体性が高まることがわかっているのですから、やらない手はありません。

「私についてこい」といったマッチョなリーダーにならずとも、部下のチカラを引き出せるというわけです。

では、部下に自己決定感を持たせるために、何をすればいいのでしょうか。

それが、まさにこの本のテーマ。

すぐに答えを教えずに、「自分で答えを出せるよう導く」ことです。

すぐに答えを教えると、そりゃ、部下は感謝します。

でも、同時に部下の主体性を奪っていることに、気づかねばいけません。

算数のドリルをやっている子どもに、スグに親が「その答えはね……」と教えるようなもの。

子どもの主体性を奪うことは明白でしょう。

部下が、「悔しい」と本気になるメカニズム

申し遅れました。

私は、研修会社を営む、研修講師の伊庭正康と申します。

累計2万人を超えるリーダー職の皆様に、研修を通じて、「部下の主体性を引き出すマネジメント手法」をレクチャーして参りました。


ここで、ちょっとだけ自己決定感について説明させてください。

アメリカの心理学者であるエドワード・デシとリチャード・ライアンが提唱した、「人は、自分が決めたことに対して、よりコミットする」、という有名な心理学の法則をさします。

もちろん、精神論ではなく、fMRI(脳の活動を画像化する方法)で脳波を調べても、次のような検証を得られています。

・自己決定感があると、失敗した時に、人は「悔しさ」を感じやすく、もう一度、挑戦したくなる。

しかし、人に決められたことだと、「悔しさ」の反応は薄く、淡白になりがち。

つまり、自己決定感を高まれば、人は〝わが事〟として執着心を燃やす、というわけです。

これこそがマネジメントで最も重要なこと。

でも、白状をします。

私も、部下の自己決定感を奪っていたことを猛省した1人です。

今から振り返ると、おせっかいな上司だったように思います。


「同行するから、アポとってよ（俺が商談してあげるから）」

「企画書、コレ、使ってみたら（作成の手間がなくなるでしょ）」

「そのトークでは、売れるものも売れないよ（こうしてみたら）」


丁寧に教えることで、リーダーとしての介在価値を示そうと考えていました。

でも、あるメンバーから言われてしまったのです。

「伊庭さんは正しいけど、正しすぎて、なんだか自信を無くす」と。

もちろん、よろこんでくれる部下もいましたが、このようにネガティブに反応する部下もいたわけです。

〃いかなる部下〃のやる気を高める鍵、それが「自己決定感」です。

部下の自己決定感を奪っていたと、つくづく猛省せざるをえません。

今は、年上の部下、同期が部下になってもおかしくない時代です。

さらに遠慮に拍車がかかってしまうこともあるでしょう。

でも、遠慮をし、腰が引けているようでは、リーダーとして失格。

この本で、年上であろうが、同期であろうが、〃いかなる部下〃の主体性を高める具体的な方法も紹介していきます。

この本が、あなたらしさを活かした、リーダーとしてのスタイルをつくる一助となればうれしいです。

株式会社らしさラボ　代表取締役　研修講師　伊庭正康

できるリーダーは「教えない」　目次

第1章

リーダーの〝しんどさ〟は、「頑張り方」を変えれば解決する

第2章

「部下を主役」にするマネジメントのコツ

第3章

「この人と働きたい」と思われるリーダーがやっていること

第4章

命令せず、教えずに、部下が「自分から動く」ように導く方法

第5章

仲良しグループになっていないか？「戦えるチーム」のつくり方

第6章

信頼されるリーダーは、どう「決断」しているのか？

第7章

それでも「リーダーは向いていない」と思ったら

第1章

リーダーの“しんどさ”は、「頑張り方」を変えれば解決する

マッチョでなければリーダー失格なのか？

本音を言うと、人を動かすのは得意ではないし、好きではない。

自分は、リーダーに向いていないのか……。

成功しているリーダーには「コツコツ型」も多い

あなたは、「リーダーシップ」に自信があるでしょうか。

むしろ、1人でコツコツとやっているほうが向いているかも、と思っていたりはしませんか。そんな自分をコンプレックスに感じている人も少なくありません。

安心してください。

まず、最初に、お伝えすべきことがあります。

今の時代、マッチョでないことは武器になるということ。

リーダーシップと言えば、カリスマ的なオーラを放ち、人を引っ張っていくマッチョイメージがないですか？

でも、実際はそうとは言えないのです。実際、歴史に名を遺すリーダーの中には、物静かにコツコツと仕事を進める人物が多いのも事実。

たとえばマイクロソフトの共同創業者のビル・ゲイツ。

さらには、グーグルの共同創業者ラリー・ページ。

フェイスブックの共同創業者マーク・ザッカーバーグも物静かなタイプで有名です。

日本も例外ではありません。

実際に、世界で利用されるＭＢＴＩ（性格検査）で調査し、内向的だと診断された経営者の例を紹介しましょう。

ＭＢＴＩを日本に導入する際、実際に診断した貴重な記録[1]が残っています。

イトーヨーカ堂初代社長でセブン‐イレブン、デニーズも創設した伊藤雅俊氏。

ソニーの共同創業者であり、社長も務め、技術革新を先導した盛田昭夫氏。

リクルート初代社長として、多くの事業を従業員の起案で生み出した江副浩正氏。

詩人としても活躍し、セゾングループの総帥でもあった堤清二氏。

挙げればキリがありません。

非マッチョ型リーダーの戦い方

分析すると、非マッチョ型リーダーには、独自の戦い方があるのです。

自らがグイグイと先導はしません。部下を主役にすべく、部下を活かす環境をつくっています。

まずグーグルのラリー・ページ。

2012年、グーグルはプロジェクトを立ち上げて「効率的に成果を出すチーム」の要素の調査を開始しました。最大の要素は、強いリーダーシップではなく、従業員同士が協力をしあえるよう、遠慮せずに自由に発言できる環境（心理的安全性）をつくることにあると結論付けたことは有名です。

イトーヨーカ堂の伊藤雅俊氏は、ライバルだったダイエーの創業者・中内㓛氏がカリスマ性で猛進した姿とは対極的と言われ、精神論ではなく数字をベースに考えさせる経営であったと言われています。[2]

江副氏がつくったリクルートも「皆経営者主義」を標榜していました。

私も21年間在籍しましたが、営業目標のことを「経営目標」と呼んでいたり、従業員から新規事業を起案する大々的なイベントが設けられたりしていました。実際、上場前の筆頭株主は「社員持ち株会」でした。これらも「合理的な判断」に基づいた「部下を活かす環境づくり」の例でしょう。

どうでしょう。イメージしていただけましたか。

稀代の経営者でもそうなのですから、職場のリーダーは、なにもカリスマリーダーになる必要なんてないのです。

あなたが〝輝〟くのでなく、部下を〝照〟らすリーダーシップこそが、あなたの進むべき選択です。

この本では、部下を主役にする具体策も紹介していきます。

POINT

自分が主役にならず、部下を主役にするのがこれからのリーダーのセオリー。

自分の考えを押し付けるのは、好きではない

自分の価値観を押し付けるのは苦手だ。人それぞれでいいと思う。
でも、こんな考えではリーダーは務まらないという不安はないだろうか。

自分の意見を押し付けないほうがいいことも多い

部下に、自分の意見をはっきりと伝えるのが苦手ということはないですか？
だとしたら「人には、それぞれの考え方があり、自分の考え方が必ずしも正解ではない」と考えているのではないでしょうか。

それで、問題は全くありません。
先程も言いました。部下の主体性を引き出すことが、リーダーのセオリーだと。
今はダイバーシティーの時代。
年齢（20代、50代、70代）の違いは、当然あります。

生まれ育った環境（国の違いも含め）もあるでしょう。

雇用形態（派遣、委託、社員）、生活スタイル（仕事重視、プライベート重視）など、自分とは違って当たり前の時代です。

むしろ、これらの多様性を尊重したマネジメントこそが、これからは必須のスキルであることは間違いありません。

さらに、今ではダイバーシティーを超え、インクルージョンの考え方が推奨されています。

インクルージョンとは「受容」のこと。**従業員一人ひとりの多様性を受け入れるだけではなく、組織の一体感を醸成することで成長や変化を推進する取り組み、それが「ダイバーシティー&インクルージョン」**です。

こんな感じです。

「出世したくない」「仕事より趣味」「副業にも挑戦したい」

以前だったら、これらはネガティブな要素でしたが、「それもあり。むしろ、その考え方をどう活かすか」を考えるのが、今のマネジメント研修の潮流というわけです。

でも、リーダーはやさしいだけではダメです。

しっかりと要望すべきことはする。それがリーダーの役目です。

「お願い」ではなく「要望」をせよ

こう考えてください。仕事を依頼することは「お願いをする」ことではなく、「要望をする」ことだと。

そうでないと、せっかくの「部下の成長機会」が奪われてしまいます。

部下の気持ちに配慮をして、強いことを言えないこともあるでしょう。

それは、「共感性」によるものですが、セットで持つべき、重要な要素があります。それが「要望性」です。

一方的な「お願い」をするのではなく、対話を通じて「なぜ任せるのか」「何をして欲しいのか」を腹落ちしてもらいます。

例えば、時短勤務の部下に「新人の教育係をしてほしい」と思ったとしましょう。

「嫌がるだろうな」と、遠慮をしてはいけません。

「話し合い」をしましょう。

教育係を任せたい、といった旨を伝えてください。

その上で、本人の意向を確認します。もちろん「不安だから拒否」することもあるでしょう。そうなれば、不安を解消する方法を一緒に考えればいいのです。

話し合いの中で、「いったん、やってみる」ことの合意を得る、これこそがリーダーに求められる要望性です。

やさしくなりすぎているかもと思った時は、こう考えてください。

本人の意向を100%叶えることが、チームはもちろん、本人にとって正解とは限らないと。要望を付与するからこそ、チームと本人が強くなれるのです。

POINT

「押し付け」ではなく、「要望」と考える。
「要望」は部下の「成長のチャンス」でもある。

「飲み会はやりたくない」は正解か？

できれば飲み会に行きたくないし、開催もしたくない。部下も嫌がるだろうし。気の合う人と、ゆっくり話すほうが性に合っている。これではダメなのかな……。

飲み会は手段でしかない

「上司の自分と話していて楽しいかな」

「私（上司）に誘われると断れないのでは」

そう考えると必要以上に気疲れして、「やめておこう……」、となることはないでしょうか。


結論から言いましょう。

「無理に飲みに行く必要はない」でＯＫ。

飲みに行くことは手段でしかありません。

求めるべきは、「打ち解けた会話」です。

飲みに行かずとも、みんなで会話する機会は必要です。

1on1ミーティングの時間をとり、部下の話をしっかりと聞く方法もありますし、一緒にランチに行く、カフェで打ち合わせをするなど、飲み会をせずに親密度を高めながら会話をする方法はあります。

実際、転職サービスのパーソルキャリアが、20〜29歳のホワイトカラー系職種の男女に、会社の飲み会が「好き」か「好きではない」か調査したところ（2017年）おおむね男女ともに半々という回答が得られています。

つまり、みんなで交流する機会を歓迎する人が半数はいるということ。

こうなると、何もしないのが正解とは言えないわけです。

そこで、良い方法を紹介しましょう。

誰もが参加しやすい「交流」を考える

どちらの部下も満足させるのがリーダーの腕の見せ所。

プライベートも犠牲にしない。それでいて、みんなで笑顔になれる。そんな企画を

考えればOKです。

私も会社員時代、やってよかったな、と思った企画があります。

1つは、会社の会議室を使っての「かき氷大会」。

勤務時間中の夕方30分。会議室で行いました。

営業部の一人がかき氷屋さんに扮し、営業の皆さんを支えてくれた内勤スタッフにかき氷をふるまい感謝するといった企画でした。かかった予算は0円。これだと気がねなくできます。

たった30分でしたが、席が固定されていないこともあり、いろいろな人と会話もはずみ、記憶に残る企画となりました。

アルコールが苦手な人もいますし、家庭の事情がある人もいます。

それでも飲みたいということなら、このような企画の後、希望者だけで行くとすれば問題ないでしょう。

実は、さきほどのパーソルキャリアの調査には、続きがあります。

飲み会に対して、こんな声も得られているのです。

・仕事中では言いにくい意見や考えを上司に伝えられる（29歳／男性／金融・保険）
・電話だけだった他部署の方と話すことができた（26歳／女性／情報・通信）
・仲間と普段できない話題で盛り上がり、仲が深まる（27歳／女性／教育・医療）
・自分のキャラクターを把握してもらえた（27歳／男性／ファッション）

上司や同僚の普段は見られない一面を知ることができるのは、部下の満足にもなることを忘れてはなりません。

飲み会が好きな人、苦手な人の双方のニーズを満たす方法を考えてみてください。

誰もが不満を感じない、そんなあなたらしい方法を考えるのも、できるリーダーの気遣いでしょう。

POINT

誰もが参加したくなるような、「交流」を企画すれば問題はない！

お願いするのは気を遣うので、自分でやってしまう

部下にもっと仕事を任せなきゃ、と頭ではわかっている。

でも、部下も忙しいし、お願いするのは申し訳ない。どうすればいいのだろうか。

「自分でやったほうが早い病」から脱する

こんなに忙しいのに、仕事を頼むなんて申し訳ない……。

本心ではどう思われるかと考えると、結局は自分がやったほうが早い。

こんなふうに思ってしまうことはないですか。


結論から言いましょう。

スグにでも任せるべきです。

よかれと思ってあなたがやることが、部下や周囲に不満を与えてしまっていると考えてください。次の質問に1つでもチェックがつくなら、今スグに任せましょう。

□あなたがタスクに追われてしまい、いつもバタバタ。部下が気軽に相談ができなくなっている。
□あなたが仕事を抱え込んでいることで、部下の成長のチャンスを奪っている。
□忙しくて、部下に声をかけてあげられない。

いかがでしょう。

研修講師という仕事柄、研修先でこんな声を耳にします。

「ウチの上司は忙しくて、職場の業務がスムーズに回っていない。もっと、仕事を振ってくれたらいいのに」と。

「自分でやってしまう」前に「相談」すれば喜ばれる

ひょっとしたら、憶測でよかれと思ったあなたの行動が、部下からすると「何でも一人でやってしまう」と不満に感じている可能性すらあるわけです。

対策を紹介しましょう。

お願いを、「相談」のスタイルに変えるだけで解決できます。

まず、勝手な憶測は捨てて会話で相手の状況を確かめましょう。


「田中さん、今、相談よろしいですか？」

「はい」

「今、この資料を作成してくれる人を探していて、田中さんに相談できればと思っているんですが、その前に状況を教えてもらっていいですか？」

「はい」

「この資料を来週中に準備したいのですが、受けられそうでしょうか？」

「大丈夫です。承知しました」

「ありがとうございます。助かります。

もし、途中で難しくなりそうなら、おっしゃってください」

「ありがとうございます」


どうですか？

お互いが気持ちの良い状態になっていませんか？ このアプローチなら、迷惑な上司にならないでしょう。

実はこのパターンを覚えると、どんなシーンでも使えます。
ビジネスで「遠慮」が評価されることは、まずありません。
必要なのは「配慮」です。
相手の状況を確認し、最後に「難しくなりそうなら、言ってください」の流れ。
この配慮ある相談の仕方を覚えておきましょう。

POINT

できるリーダーがとるべき選択は、「遠慮」ではなく「配慮」。

チームワークが取れていないのは自分の責任？

職場は会話も少ないし、そもそもチームとしての一体感がない……。
「人それぞれでいい」と思う反面、これではいけないという思いもある。

職場が静かで、みんなバラバラ……自分のせい？

「もっと協力しあえるチームを作りたいのに、個々人がバラバラ」

大丈夫です。難しく考えないでください。
雑談を増やすだけで、すぐに解決します。

まず、**「集団凝集性《しゅうだんぎょうしゅうせい》」を働かせてください。**
いきなり難しい言葉が出てきました。
でも、とても大事な言葉です。覚えておいてください。

集団凝集性とは、その集団に属していることの「結束力」を指します。

当然ですが、結束力の高い集団のほうが、パフォーマンスは高くなります。

しかし、こうも思われたかもしれません。

「自由なほうが良いのでは。結束力が高いと、息苦しさを覚えるのでは」と。

昔、私もそう思っていました。

実は逆。集団凝集性の研究者として有名なシーショアの研究では、凝集性の低い自由気ままな集団より、一枚岩の集団のほうがメンバーの不安が少なくなるというのです。

つまり、結束力があるからこそ、お互いを信頼することができ、気軽に助け合う行動が生まれやすいというわけです。

リーダーは、まず集団凝集性を高める方法を覚えておきましょう。

まず、「雑談の量」を増やせばOK

とはいえ、結束力を高める方法は簡単です。先程すでに申しました。

「雑談の量」を増やしてみてください。

時間を共有するだけでも集団凝集性が高まることが実証されています。

たかだか雑談ですが、雑談の効果は侮れません。

特に関係性が希薄な状態ならなおさらです。

日立製作所による職場活性の研究でも、**雑談によって、企業の業績が上がる**と実証されています。あるコールセンターでは、スキルをアップさせずとも、休憩中のコミュニケーションを増やしたり、職場での声かけを増やしたりすることだけで、受注率が13％も上がったというのですから驚きです。


ということは、みんなでランチに行く、会議の最初に、近況報告などを話してもらうといったことでも十分に効果があるわけですから、やらない手はないでしょう。

さらに結束力を高める方法を紹介します。会議で感謝を伝えるコーナーを設ける方法です。

「佐藤さんに企画書作成のコツを教えてもらいました。おかげで提案が通りました。ありがとうございました」

「昨日、高橋さんに、おいしいランチのお店を教えてもらい、行ってきました。めちゃくちゃおいしかったです。ありがとうございます。ハンバーグ最高でした」

最初は照れくさいかもしれませんが、お互いが感謝の言葉を伝え合うことが、「幸せ度」を高めるといった心理実験もあるくらいなので、ぜひ、そんな仕掛けも考えてみてはいかがでしょう。

もちろん、一緒に仕事をすると、時には意見の対立も生まれます。

むしろ対立は歓迎してください。意見を言いあうことも、結束感を高める効果があるとされています。有名なチームビルディングの理論（タックマンモデル）では、最初は雑談などのコミュニケーションの「量」が大事とされ、次第にコミュニケーションの「質」、つまり意見を言い合うことが大事になると実証されています。

そのためにも、はじめの一歩として、雑談を増やすことが、あなたがやるべき第一歩です。

POINT

チームワークを高めるために、
お互いが気軽に「雑談できる機会」を大事にしよう

上司と部下の板挟みが苦しい

上司からムチャな指示が来る。しかたなく部下に伝えると、部下からは「ムチャを言わないでください」と言われる。どうすればいいのか。

板挟みで苦しむ人の原因は？

中間管理職になると、上司と部下の板挟みに悩むリーダーは少なくありません。部下からは「忙しいので無理です」と言われ、上司にそのことを伝えれば、「じゃあ、どうするのだ？　代替策がないなら、今はその施策をしなさい」と言われ、このまま逃げ出したくなるような衝動に苛《さいな》まれることもあるでしょう。

もしあなたが板挟みになりやすい人だとしたら、Ｎｏが言えないタイプではないでしょうか。

・相手の感情を気にしすぎて、Ｎｏと言えない（対部下）

・やればできるのではないか、と思うとNoとは言えない（対上司）

もしそうだとしたら、ここで注意が必要です。部下に対し「上司の田中部長からの指示だから仕方がない」という上司のせいにする態度を取るとどうなるでしょう。

白状します。私も、管理職になったばかりの時、無自覚にこの過ちをやってしまったことがあります。でも、これをやると最悪の事態が待っています。

どんな状態だと思いますか？

「伊庭ハズし」の状態が待っていたのです。

ベテランの部下の一部が、決裁者は伊庭ではなく、その上司にあると判断し、私の上司とやりとりをするようになったのです。

私の説得力はなくなり、やりにくくなりました。

では、どうすれば、このような板挟みを予防できるのでしょう。

板挟みを解消する2つのチカラ

板挟みは、2つのチカラを使うことで解消できます。

1つは、「統合性」。もう1つは、「上通性」。

これらは、マネジメントスキルの用語。覚えておいて損はないでしょう。
まず、統合性とは「会社の方向とあなたの部署の方向を一致させる」こと。
やることは、2つ。
1つは、現場のことを正しく上司に伝えること。
「今、人数が不足しており、残業をゼロにするのは現実的ではない」と。
2つ目は、部下に対し、会社の方針を「あなたの言葉で伝える」ことです。
もちろん、時には納得いかないこともあるでしょう。
それでも、役割として、自分の言葉で部下には伝えましょう。
主語を「We（我々）」にして、伝えると、統合性は担保しやすくなります。
「我々がやるべきことは、より協力することで、残業を削減することです」と。
このように言い切ってください。部下は理解しやすくなります。

そして、上通性。
「上司に働きかけるチカラ」を言います。マネジメントは〝対部下〟だけではなく〝対上司〟へのアプローチが必要なのです。

上司の判断が違うな、と思ったら、組織のためにも我慢してはいけません。おかしいと思ったら**「意見交換」の機会を持ってください。**「私は、こう考えております」と伝えれば、それこそが上通性です。

上司と対話する際のコツは感情で訴えるのではなく、**「論理的」に伝えることを意識**してみてください。

具体的には、事実と意見を分けて、時にはその事実を数字を交えて上司に話すことです。「わかってほしい」と思いをぶつけるだけでは、組織は動きません。

エネルギッシュに話す必要もありませんし、うまく話せなくても大丈夫です。

事実と意見を分けて論理的に上司と会話すれば、あなたの考えを上司にキチンと伝えられるようになるでしょう。

POINT

我慢せずに、役割と割り切り、言うべきことを言おう。

パワハラが怖くて、部下を叱れない

正しいことを言っても、嫌われるかもしれないし、パワハラと思われるかもしれない。穏便に済ませようとするのはダメなのか……。どうすべきなのか。

無理して「叱らなくてもいい」

最近、注目される子育ての方法に「フィンランド式　叱らない子育て」というメソッドがあります。「しっかりと伝えれば、子どもは理解する」といった考え方です。同感です。

もし、あなたが「叱ることが苦手」であるなら、無理に叱らなくてもいいと言い切ります。本当に大事なことは、表面的な言葉を投げることではありません。しっかりと腹落ちをさせることではないでしょうか。

私自身も、よほどのことでない限り、感情を出して叱りません。

部下に対しても、子どもに対しても、です。

説教くさく「叱る」ことより、相手の立場に立って「伝わるコミュニケーション」をとることが先だと考えているからです。面倒くさがらずに対話をすれば、叱る以上の効果を得ることができると実感しています。

具体的には、この流れで伝えてみてください。

ステップ1：それがダメであることを「結果」、「行動」、「影響」の3つの視点でわからせる。

ステップ2：その上で「何が問題だったのか」を考えさせる。

ステップ3：「改善策」を考えさせる。

ステップ4：あなたは、きっとできると「期待」を伝える。

一見すると「面倒だな」と思われたかもしれませんが、実は簡単。

以下のような流れで実践してみましょう。

提出が遅れたと聞いた（結果）。

事前の連絡を入れていなかったようだね（行動）。

そのせいで、チェック係の人が残業をしたそうじゃん（影響）。

どう思う？（問題を考えさせる）。

だよね。じゃ、どうしようか（改善策を考えさせる）。

了解。いいね。今度は大丈夫だ。それでいこう（期待の通知）。


いかがでしょう。


「ダメじゃん。社会人としてルール違反だよ」

と叱るより、よほど効果があると思いませんか？

「部下をリスペクト」しているか？

近年「フィードバック」のスキルが注目されています[3]。

背景にあるのは、部下の多様性です。

年の離れた部下がいることはもちろん、年上の部下も増えていますし、海外で育った部下も増えています。

ただ一方的に叱っていては信頼関係を築くことは難しいでしょう。

大事なことは、注意を与える際も、相手をリスペクトする姿勢です。

もちろんミスや未達成は喜ばしくはないはずです。

でも、ミスをしようが、未達成であろうが、その人自身へのリスペクトをする姿勢は不可欠。罪を憎んで、人を憎まずの姿勢です。

実は、さきほど紹介した流れは、まさに人事考課のフィードバックの流れと、ほぼ一緒です。相手をリスペクトしているからこそ、むしろ、耳の痛いことを丁寧に伝えることができますし、部下も素直に気付きを得ることができます。

まとめますね。

「叱れるか、叱れないか」は重要なことではありません。

重要なことは、成長させられるかどうか、です。

叱らなくてもいいですが、フィードバックを与えるようにはしましょう。

そちらのほうが、部下に気付きを与えることができるでしょう。

POINT

叱ることより、大事なことは、きちんとフィードバックをすること

内向型リーダーが外交型リーダーを凌ぐには

自分は、何もしていない。でも、なんとなく、チームはうまくいっている。部下のおかげだ。はたして、自分は上司として、何をすべきなのだろう？

内向型リーダーに向いている組織

外向型のほうが、リーダーには向いていると思っていませんか。

実際は、そう単純ではありません。

実は、内向型リーダーのほうが成果を上げられる条件があるのです。

ペンシルベニア大学ウォートンスクール、アダム・グラント教授の組織心理学研究では、部下が主体的なタイプだと、内向型リーダーのほうが、成果を出せるというのです。

グラント教授の調査は、とてもユニークな結果を示してくれています。

アメリカの五大ピザチェーンを対象に分析したそうです。

すると、**主体的に作業手順を向上させようとする部下で構成される店舗では、外向型リーダーより、内向型リーダーであるほうが14%も売上が多かった**のです。

不思議ですよね。なぜだと思いますか。

グラント教授は、このように結論付けています。

内向型リーダーは、社会的な立場にこだわらず、助言をフラットに受け入れることができ、その特性から**内向型リーダーは、「部下からの恩恵」を受けることができると。**

確かに、外向型リーダーだと、こうはいきません。

外向型リーダーは、自分の考えや思いを伝えることで、相手を動かすスタイルだからです。

なので、部下から意見をもらったとしても、自分の考えや思いに合致するかどうかが関心事となるので、場合によっては、その提案を歓迎しないケースもあるでしょう。

つまり、内向型リーダーは、部下が消極的なタイプでない限り、無理にカリスマリーダーを演じる必要はなく、**部下に主導権をとってもらうマネジメントを心がければよいだけなのです。**

強さを誇示する必要はない

私の研修先の会社に、典型的な内向型リーダーがいました。

声は小さく、会話をしていても沈黙になりがちで続かないのです。

本人も、そのことについてコンプレックスすら持っていらっしゃいました。

「私、何もできていないと思うのです。働きかけることは苦手ですし。すべて部下のおかげなのです。私が、上司として、介在価値を発揮するためには、どのようなふるまいをすべきでしょうか？」

そんな相談を受けたものの、従業員アンケートをとると、組織のコンディションは抜群に良く、部下がのびのびと自主性を発揮できていました。

なので私は次のように回答しました。

今の組織では、無理に何かをする必要はなく、部下の力を存分に引き出すために3つのことをするとさらに良くなる、と。

・チームの「課題（いつまでに、何を達成させるか）」を明確にする。
・部下にとって、「成長感のある要望（役割）」を付与する。
・部下が主体性を発揮できるようチームでの対話の時間を増やす。

いくら部下の主体性が高いからといって、何もしないと組織のポテンシャルを引き出せません。あなたもこの3つを心がけるといいでしょう。

さて、ここで、こう思われたかもしれません。
「部下の主体性が低い時はどうなるの？」
この場合、内向型リーダーは不利になります。
ご安心を。この本では、その対策も紹介していきます。

POINT
内向型リーダーは、
部下がノビノビと働ける環境を作れば、勝てる！

1『心理学的経営　個をあるがままに生かす』（大沢武志・PHP研究所）
2『完本　カリスマ　中内㓛とダイエーの「戦後」（上）』（佐野眞一・ちくま文庫）
3『実践！　フィードバック』（中原淳・PHP研究所）

第2章

「部下を主役」にするマネジメントのコツ

部下のやる気は「高める」ではなく、方程式で「高まる」が正解

「好きになれ！」と言ったところで、好きになるものではないように、「やる気を高めよ！」と言ったところで、やる気が出るものではない。やる気は、高めるものではなく、高まるものであることを認識しておきたい。

「やる気が高まる方程式」とは

部下にやる気を出してもらわないと、上司としてはツラいもの。

とはいえ、強いカリスマ性で魅了し、部下全員の「やる気を引き出す」作戦は創業社長でもない限り、難しくないでしょうか。

大丈夫です。**まず、知るべきは、「やる気が高まる方程式」を知ること**です。

それが次の図。ご覧ください。

◎**やる気が高まるチームにする方程式**

やる気が「高まる」＝心理的安全性×挑戦への貢献感

では、この2つの要素の説明をしますね。

◎**心理的安全性**

リーダーになったら、ぜひとも、この心理的安全性は覚えておいてください。

近年かなり注目される言葉で、今では研修で受講者の皆さんに尋ねると、多くの方がご存じのようです。

心理的安全性とは、立場や役割にかかわらず、誰が何を言っても受け入れられる、そんな安心して発言できる心理のこと。

米国のグーグルが調査した結果、**組織の生産性を高める最大の要素**として発表したことから、注目されました。

なんとリーダーシップより生産性を高める要素とも言われています。

一人ひとりを「主役」にする
組織づくりの方程式

心理的安全性の確保 × 挑戦への貢献実感

◎ 挑戦への貢献感

もう1つが、「挑戦への貢献感」。

心理的安全性だけでは、ただの仲良し組織になるように思いませんか。

実はそうなんです。「まあ、これ以上やらなくても別にいいんじゃない？」と志の低い発言も許されるわけですから、居心地の良いコンフォートゾーンから抜け出せなくなります。

ゆえに、「チームの挑戦への貢献」も不可欠なのです。

この章では、リーダーが声を荒らげずとも、カリスマ性をまとわなくても、この2つの要素（心理的安全性と挑戦への貢献感）を高めることで、一人ひとりを主役にする具体的な方法を解説していきます。

POINT

まず、部下のやる気が高まる方程式を覚えておこう。

「雑談」を増やしたら、受注率が13％も向上した理由

「職場の雑談を増やせば、チームの受注率が上がる」は本当だった。

だからこそ、リーダーは雑談を増やす方法を知っておきたい。

雑談が「強いチーム」をつくる科学的根拠

気を遣いがちなリーダーは、忙しい時ほどどうしても会話が少なくなりがち。

だから、気をつけるべきことはあります。

「静かな職場」にはなっていませんか。

先程も言いました。まず**「雑談」の量には絶対にこだわってください。**

職場の「会話量」が、チームの業績を高めることが科学的な見地から実証されているのは先述したとおりです。

古くは、ホーソン実験。

1927年から1932年、アメリカのウェスタン・エレクトリック社のホーソン

工場にて行われた有名な実験です。すでに、歴史のセオリーとして、効率を追求するためには、ストップウォッチで測りながら最短の動作にトライするより、**職場内の何気ない雑談や、そこから生まれる仲間意識のほうが生産性を上げる**ことが実証されているのです。

また、第1章でもふれた日立製作所の調査もユニークです。

会話（雑談や声掛け）の量を増やしたことが、受注率に好影響をあたえることがわかりました。もう少し詳しく説明しますね。

あるコールセンターでは、昼食を複数名でとりはじめたことで休憩中の雑談が増え、その結果として職場の活性度が上がり、**受注率が13%向上**[1]する結果が得られました。

また、監督者であるスーパーバイザーがスタッフに適切なタイミングで声をかけると、それだけで同じ業務をしていた別のコールセンターと比べて**受注率が27%も高くなる**[2]といった研究もあるのです。

会話の有無は侮れないことがわかります。

雑談を激増させる〝仕掛け〟

忙しい職場で必要なのは、**雑談を生み出す「仕掛け」**です。

雑談を生み出す「仕掛け」を紹介しましょう。

まず、1つ目は**「Good&New」**。これは簡単です。

朝礼やミーティングの際、5分ほど時間をとってペアになります。

「プライベートで、良かった出来事や新しい出来事、発見」を語り合うというもの。

私の研修先の企業様でも実施され、短期間のうちに、今まで話をしたことのない人との会話が増えています。心理的安全性が高まる機会になります。

2つ目が、**「シャッフルランチ」**です。関係が希薄なメンバーがいる場合、オススメです。

こちらは、さきほどの日立製作所の実験でも成果が見られた、「様々な人とランチに行く」方法です。ランチの際、いつも同じメンバーばかりだとしたら、ぜひトライしてみてはいかがでしょう。こちらも、心理的安全性が高まる機会になります。

3つ目が、**「ナレッジ共有」**です。ナレッジとは、仕事でうまくいった方法のこと。朝礼やミーティングの際、1人、もしくは複数の人が共有をします。

私が営業リーダーだった時、この方法を取り入れたことで、個々人がヒントを得られることに加え、共有者のチームへの貢献感が高まる、そんな一石二鳥の効果を感じたものです。

さて、これらは一例ですが、オフィスであっても、オンラインであってもできることばかりではないでしょうか。ぜひ、トライしてみてください。確実に雑談の量が増え、リーダーであるあなたがそれほどがんばらずとも、勝手に「雑談の多い、にぎやかな職場」になっていることでしょう。

POINT

忙しい職場で雑談を増やすのは難しい。雑談の「仕掛け」をつくることで、にぎやかな職場にしよう。

「年上部下」を味方につける方法

リーダーの5人に1人が〝年上部下〟を持つ時代。ある人は、苦手意識を持ち、ある人は、助けられていると言う。何が違うのかを理解しておこう。

年上部下に助けられた上司は6割もいる

私の研修先で、最近よく受ける相談。それが、
「年上の部下に指示を出せない。どうすれば良いか？」というものです。
あなたにも、同じようなことはないですか。
気を遣いすぎて、言うべきことを言えないことが。

しかし、それでは、リーダーは務まらない時代になりました。
25～39歳までのビジネスパーソン300人を対象にFNNプライムオンライン（2017年）が行った調査では、〝年上部下〟を持つ上司は、5人に1人もいると言

います。

年功序列が崩れる今、ますます増えることでしょう。

でも、まったくネガティブな話ではありません。

すでに「年上部下」と仕事をしていて、約6割が年上部下の存在に助けられた経験があることもわかっているからです。

まず、「年上の部下だから苦手」では通用しない時代に入っていると認識しておきましょう。

もっと「経験」に期待しよう

年上に遠慮して、腰が引ける姿は、やはり、みっともないですよね。

そうならない方法を紹介します。

「人生の先輩達の経験に期待するリーダー」になってみてください。

もっと、彼らに**頼っていいのです**。ぜひ要望してください。

ただし、遠まわしな表現ではなく、短い言葉で。

遠まわしな表現だと、腰が引けているように見えてしまいます。

と言いましたが、私もリーダーになりたての頃、腰が引けていました。

「やっていただけると嬉しいのですが、事情もあると思いますので、いかがでしょう。もちろん、ご意向もあると思いますが、どうでしょう？」などと気を遣って尋ねたところ、「やってほしい。どうですか？」とストレートに言ってほしい、と年上部下から注意をされました。

気を遣われすぎると、部下がやりにくくなることに気付かされた瞬間でした。

なので、このようにお願いをしてみてください。


「ぜひ、山田さんにやっていただけると助かるのですが、いけますか？」

「ぜひ、高橋さんにお願いできるとありがたいのですが、どうでしょう？」

期待をあらわす「ぜひ」の2文字をつけて単刀直入に尋ねてみてください。


それでも「難しい」と返事をもらうこともあるでしょう。

まだ、粘ってください。

「そうですよね」と即答すると、腰が引けているようにしか見えません。

まず相手の事情を聞いた上で、

「では、どうでしょうか。来週でも結構ですよ」

「では、下書きだけでも、お願いできませんか？」


と、妥協できるラインで相談するといいでしょう。


先ほど、約6割が〝年上部下〟の存在に助けられた経験があると言いました。

彼らは、こう言います。

「自分のいたらない所や知らない知識を教えていただき、仕事に活かせた」

「人生経験が豊富で、的確なアドバイスをくれる」

「面倒な顧客を柔軟に対応してくれた」

「その人の仕事が丁寧だった」

これからの時代、年上部下に〝もっと期待をかける〟ことが、あなたのリーダーシップを高める上で、不可欠となることは、間違いありません。

POINT

年上部下へのマネジメントに必要なのは、「遠慮」ではなく「期待」をかけること。

「Tell（話す）」より「Ask（尋ねる）」が大事

「過去のリーダーの仕事は〝命じること（tell）〟だが、未来のリーダーの仕事は〝聞くこと（ask）〟が重要になる」（ドラッカー）

スタジオジブリ・鈴木敏夫氏の「尋ね方」

数多くのヒットを放つスタジオジブリの名プロデューサーと言えば、鈴木敏夫氏。説明は不要でしょう。「超」有名なリーダーです。

そんな、リーダーとして辣腕を振るう鈴木氏のマネジメントスタイルには、我々が参考にできる特徴があります。

我々が想像している以上に部下や関係者に「尋ねるマネジメント」だということです。

この**「尋ねるマネジメント」こそ、これからのリーダーが参考にすべき手法なのです。**

2014年に放送された「情熱大陸」の鈴木氏を密着した回で、このようなシーンがありました。

新作『思い出のマーニー』の試写を見た関係者に意見を尋ねるシーンです。

そこは、何を言っても許される心理的安全性が担保される場。

鈴木氏は尋ねます。「どうでしたか？」と。

ある人は、「女の子のギュッという友情には抵抗がある」と言い、

ある人は、「印象に残るセリフがネガティブ」だと発言する等、辛辣な意見が飛びます。鈴木氏は、ソファに深くもたれたまま、意見をすることなく、頷きながら静かに話を聞きます。

鈴木氏が口を開くのは最後。

「ジブリとしては、はじめて女性に訴えた映画をやると決めた。

そう決めたんだから、やるしかないんだよね」と。

さて、ここでこう思いませんでしたか。

「じゃあ、聞く必要ないのでは」と。

実は、ここが、「尋ねるマネジメントの効果」。

尋ねるマネジメントの流れ

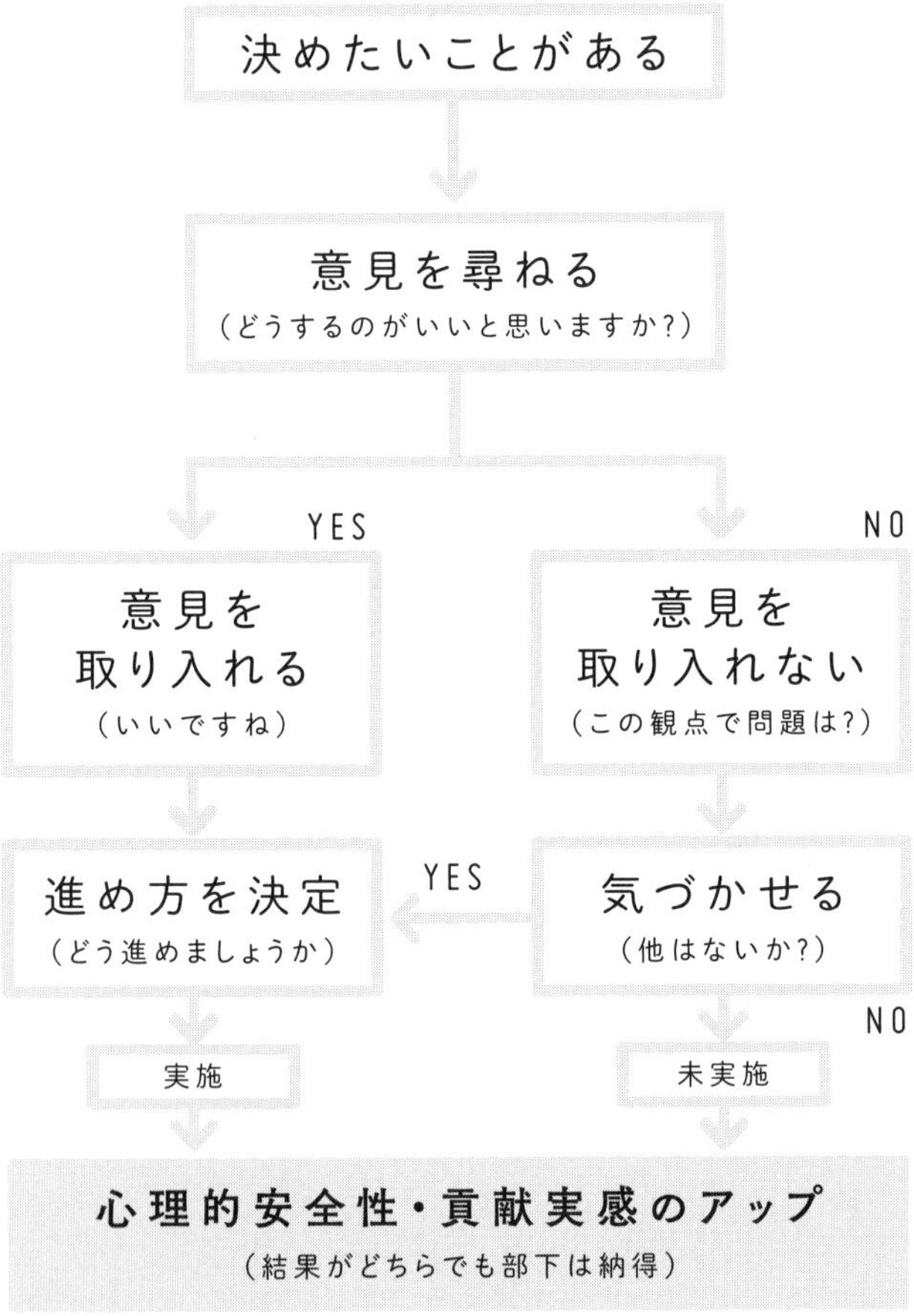
決めたいことがある
意見を尋ねる
（どうするのがいいと思いますか？）
YES
NO
意見を
取り入れる
（いいですね）
意見を
取り入れない
（この観点で問題は？）
進め方を決定
（どう進めましょうか）
YES
気づかせる
（他はないか？）
NO
実施
未実施
心理的安全性・貢献実感のアップ
（結果がどちらでも部下は納得）

まず、しっかりと意見を聞く。

結果がどうであれ、このプロセスが大事なのです。

このプロセスがあることで、自分たちも運営に携わっているという実感を得ることができるからです。

まさに「心理的安全性」と「貢献実感」を得られるプロセスというわけです。

最後に決めるのは自分

だからといって、「みんながそう言うなら、そうしよう」という多数決ではリーダーは務まりません。部下は、その姿勢に〝無責任さ〟を感じるでしょう。

意見を変える必要がないなら、変えないでください。

あくまで、決めるのはリーダーだからです。

大事なのは、「意見を聞くプロセス」がしっかりと設けられていること。


まず、部下に尋ねてください。

「どうすれば、いいと思いますか？」と。

その時、その「理由」も尋ねてください。

部下は、自分の意見を尊重してくれたと感じてくれるので、やる気が高まります。

もちろん意見を聞いて、変更すべきなら、変更してください。

変更すべきでないなら、変更は不要。あなたの意見をしっかりと伝えてください。

その上で他の観点で考えるとどうなのかを尋ねてみましょう。

これこそ部下の「心理的安全性」と「貢献実感」を得られる、絶対にやっておきたい今の時代に求められるマネジメントスタイルなのです。

POINT

部下に「尋ねるプロセス」を戦略的に取り入れよう！

むしろ「部下に支えて」もらえ！

組織の成功は、部下が80％をにぎっている。

（フォロワーシップの権威、ロバート・ケリー教授）

引っ張るより、支えてもらおう

フォロワーシップという言葉を聞いたことはありますか。

提唱したのは、カーネギーメロン大学のロバート・ケリー教授。

フォロワーシップとは、上司に仕えるのではなく、上司の至らぬ点を部下がサポートする姿勢のこと。

優秀な部下に求められる、今、注目される要素です。

さて、本題。

管理職は、無理をして、ぐいぐいと部下を引っ張る必要はありません。

部下のフォロワーシップを引き出しましょう。

むしろ、その方が、チーム全体の主体性、そして貢献実感は確実に高まります。

拙著『トップ3％の人は、「これ」を必ずやっている　上司と組織を動かす「フォロワーシップ」』[3]でも紹介し、私が提供する研修でも必ずお伝えしている「部下がフォロワーシップを発揮する方法」について説明しましょう。

「参謀」を育てよう

まず、フォロワーシップを構成する「2つの要素」を解説します。

ぜひ、次の図をご覧ください。

1つは、縦の軸。上司に「提言する力」です。

2つ目が、横の軸。「協働する力（率先する力）」。

この**2つの力の強弱によって、5つのフォロワーシップスタイルに分かれます。**

「理想型」…まさに理想の状態。

「実務型」…理想まであと一歩。あるべき姿ではなく、現実的な対処にとどまる。

「順応型」…上司のいいなりになりがち。

「孤立型」…問題の提言はするものの、意見を言うだけ（文句に聞こえる）。

面談とミーティング、部下のフォロワーシップを引き出すスタイルが正解

面談とミーティングを通じて、
部下の主体性を引き出し、
部下を「理想型」に育てる。

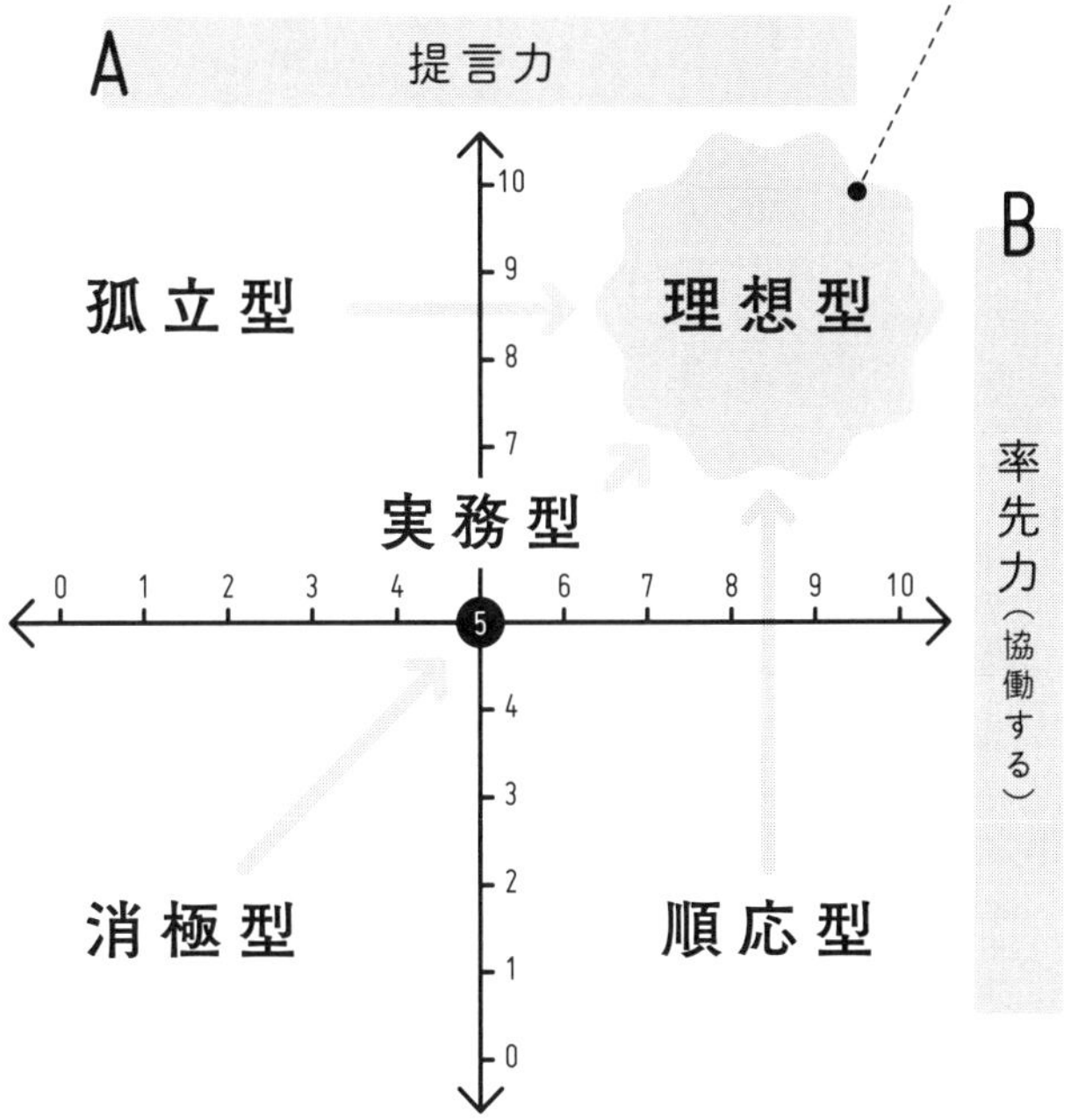

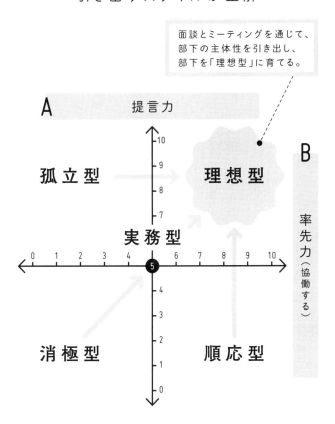

「消極型」…指示があるまで動かない。

まず、「理想型」のメンバーを育て、あなたの参謀役にしてください。

大げさに考える必要はありません。

まず、1つは、面談の機会を持つこと。毎週か隔週に1回は、全員と面談をするのが、おすすめです（最近、1on1の名称で注目されています）。「職場や業務のこと」で気になることを話してもらう機会を作ってください。その機会が、部下の主体性を高め、あなたへの提言力を高めてくれます。

もう1つが、**チームメンバー同士でミーティングをする**ことです。

発言の機会を持つことで、ボトムアップの機運を醸成します。

その時の進行役を、あなたの参謀役になる人にしてもらうこともおすすめです。

リーダーが頑張るより、部下に頑張ってもらうチームのほうが、ダントツに良いチームの条件と考えてください。

POINT

面談とミーティングで、部下が発言する機会を増やすのが、今ドキのリーダーの勝ち筋

主体性を引き出す「動機付け」の仕組み

たとえとしては不適切かもしれないけど、これが動機付けの本質。

ウチの犬は、かならず「おしっこマット」で用を足す。床ではしない。

「おしっこマット」ですると、見返りにおやつがもらえるから。

「条件付け」のチカラを利用せよ

主体性を引き出すには、やはり部下への「動機付け」は必要です。

とはいえ、特別な金銭を用意しましょう、といった話ではありません。

「条件付け」の心理テクニックを駆使することです。

「条件付け」とは、〝あることをしたら、必ずいいことがある〟と学習することで、その行動を強化する方法です。


例えば、職場で残業が増えていたとしましょう。

あなたは、その職場の部下です。

家族との時間を大事にしたいあなたにとっては、大きな問題。

そこで、あなたは上司に相談します。ダメもとで、「残業を減らせないか?」と。

すると、なんと上司は、スグに理解をしてくれ、翌週には「残業削減策」が上司の口から提示され、さらにはその2週間後には残業がゼロになった、といったことがあったらどうでしょう。

ここで、あなたは「我慢するより、伝えたほうがいい」、ということを学習します。

営業もそう。結果を出したら、職場の全員から大々的に感謝されるといった仕掛けも「条件付け」です。人事考課にしっかりと反映されるのも条件付けです。

私の前職のリクルートだと、目標を達成した瞬間に、職場の全員から握手をしてもらえますし、毎月、職場で表彰をされる機会も盛り込まれていました。だから、頑張りたくなる心理が働いていました。

また「イノベーションをおこそう」と言われることはないですが、そんな時も口で言うよりも、やはり条件付けが効果的。

自動車のマツダ本社工場の「失敗大賞」は参考になるでしょう。

これらは、失敗を恐れずにチャレンジすることを奨励する条件付けです。

ロータリーエンジンの開発でも世間を魅了した、知恵と工夫で常識を超えた挑戦を

条件付けで、主体性を強化する

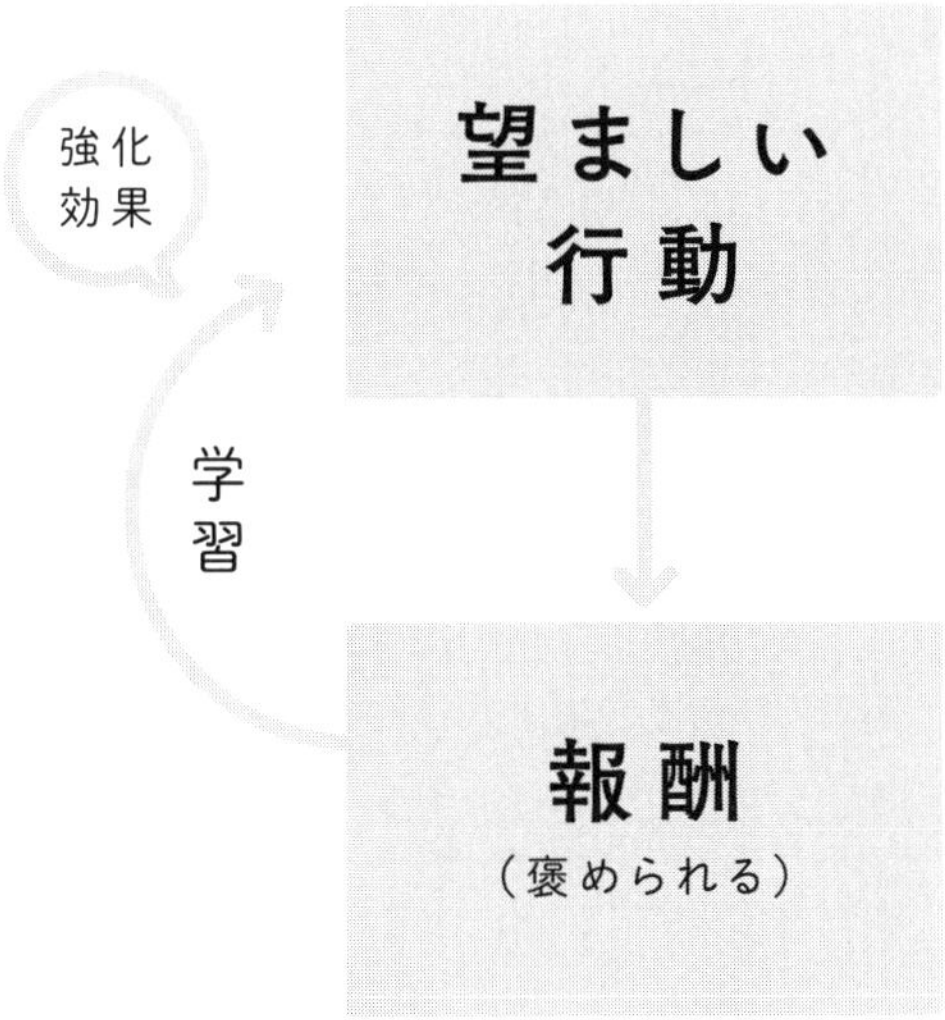

するマツダのDNAが強化されているとも言えるでしょう。

さて、ここからは具体的なおすすめの方法を紹介します。

「金銭」も悪くないですが、**「褒められる機会」を作ってください。**

一例として、TBSの「新・情報7daysニュースキャスター（報道番組）」で紹介されていたのですが、国立市にある「大石会計事務所」の朝礼の後に行われる〝ほめほめタイム〟は参考にできるでしょう。

くじびきで「今日は〇〇さん」と褒められる人を決めます。

職場の全員から「いつも、やさしく教えていただいてありがとうございます」「あの時、手伝ってくださって感謝しています」と、褒めちぎられるのです。

褒められる側がうれしくなるのはもちろんですが、褒める側もうれしくなるもの。

その会計事務所では離職率も大幅に改善したそうです。このような条件付けのプログラムをチームにインストールしておけば、あなたが大きな声を張り上げずとも、部下の主体性は高まります。

POINT
「行動すると、嬉しい結果を得る」といったプログラムを作っておこう！

チームのカラーを作ろう！

ボスが強くないとダメな暴走族の色は「レッド」。

規律が大事な軍隊の色は、「アンバー（琥珀色）」。

では、あなたの組織は「何色」がベストだと思いますか？

あなたのチームを色で例えると？

どんなチームにしたいのか、そんなチームのカラーを明確にしておきましょう。

カラーとは、〝ポリシー（方針）〟のこと。

規律的な組織なのか、それとも自由な組織なのか、それもポリシーです。

「うちの〝チームらしさ〟」を誰もが説明できるくらいに明確にすることで、メンバーのチーム内でのふるまい方が決まります。

参考になる考え方を紹介しましょう。

２０１４年にフレデリック・ラルー氏によって執筆された『ティール組織　マネジメントの常識を覆す次世代型組織の出現』[4]の中で紹介された、組織のフェーズを色に例えて、赤色、アンバー、オレンジ、グリーン、そしてティール（青緑）と分類する方法です。この色が、まさに「カラー」をあらわしているのです。

これから、あなたの「チームの色」を考える際の参考になるでしょう。

その分類が、81ページの図。

さて、あなたの組織は何色でしょうか。

なにも「ティール」でないといけない、というわけではありません。

今の時代、リーダーが、チョイスすべき「色」とは

社内競争より、チームの協奏を大切にしたいリーダーにおすすめなのは、絶対に「グリーン組織」。

多様性を認め、話し合いを重視するスタイル、それこそがグリーンです。

この方法はあなただからこそ自然にできると、私は考えています。

そうではないオレンジ型やアンバー型のリーダーだと、なかなか、こうはいきません。

だって、想像してみてください。

オレンジ型、アンバー型リーダーは、〝規律どおりに部下を動かす〟ことを優先し

組織の進化

↑

ティール組織	上司や部下の概念はなく、「自律」が中心。メンバーが全体を理解しているので、各々が自由に発想。「組織の目的」を実現するために共鳴しながら行動をとる組織風土。
グリーン組織	個人の「主体性」が中心。組織の上下はあるが、話し合いによるコンセンサスを重視する組織。オレンジ型にはなかった、多様性が尊ばれる風土。
オレンジ組織	「成果主義」の個人間の競争が原動力。勝者、敗者が明確な競争型組織。数値による管理がなされ、人が機械的に扱われる。
アンバー組織	ようやく組織化されるものの、軍隊のような上意下達の命令型組織。
レッド組織	まだ組織化されておらず、「個人の圧倒的なボス力」が中心の恐怖支配。

がちだからです。

今の時代にマッチした、グリーン型のリーダーは、そうはなりません。

〝共感してもらう〟ことを大切にします。

「その方法も面白いですね。他の皆さんはいかがですか？」と。

さらに、「意見が出そろいましたね。ありがとうございます。A案で行きましょう」

と、**じっくりと意見交換をした後、決断を下せるのが、グリーン型リーダーの強みです。**

さて、ここで、こう思いませんでしたか。

なぜグリーン組織のさらに上である「ティール組織」ではいけないのか、と。

実際、やってみると、そんなにうまくいかないからです。

私自身もティール組織で仕事をしたことがあります。

実験的な取り組みも多く、とても楽しいのですが、一方で限界を感じました。

個人最適な発想になるので、どうしても事業成長のスピードが遅くなるのです。

また、責任の所在も不明瞭になるため、〝必死さ〟は希薄になります。

会社の成長のために、「私のミッションを増やしてください」「目標を上げてください」と思えるような「高度な自立性」がメンバーに備わっていることが、ティール組織の前提と言えるでしょう。

民主的なリーダーが陥りがちな罠

もちろん、グリーン組織にも、欠点があります。

なんといっても、話し合いが多いため、意思決定に時間がかかる点です。

そうならないコツも紹介しましょう。

まさに、先ほど紹介した、鈴木敏夫さんのやり方です。

セレモニーでもいいので尋ねることです。

とはいえ、注意はあります。意見を尊重するものの「多数決で決めない」こと。

「みんなが、そう言うなら、そうしましょう」と決めると、責任の所在があいまいになってしまいます。これは組織としては重大な欠陥です。


みんなの意見を聞くものの、最後はリーダーがズバッと決める、が鉄則。

極端に言うなら、次のようなイメージです。

ある人はA案を、ある人はB案を、ある人はC案を推したとしましょう。

そこでリーダーがズバッと言います。

「では、D案でいきましょう」と、それまでに、まったく選択肢に上がらない結論をズバッと出すこともOK。

繰り返しになりますが、大事なことは、話し合いのプロセスを持つことです。

そのプロセスによって、メンバーの自己決定感が高まり、短時間にグリーン組織の良いところを享受できます。

POINT

今の時代だからこそ、リーダーは、「グリーン組織」を目指そう！

強い人ほど「弱さ」を見せる

弱い人ほど、「強く」見せようとし、強い人ほど、「弱さ」を見せようとする。
そして、当然ながら人がついていきたくなるのは、強い人である。

弱みを見せたほうが、うまくいく

リーダーに自信がない、という人もいるでしょう。私も最初はそうでした。
ここでは、むしろ、その〝自信のなさ〟を武器にする方法を紹介しましょう。
そんなあなたには、「アンダードッグ効果」という心理学テクニックがオススメです。
あえて「弱さ」を見せることで人の心をつかむ心理的効果のことを言います。
ぜひ、あなたに知っていただきたい事例があります。
研修でも紹介している、私が大好きな事例。
NHK「プロフェッショナル　仕事の流儀」で紹介された、成城石井の店長のドラマです。

内容は次のようなものです。

スタッフのモチベーションが、なかなか高まらないことに頭を痛める店長が主人公。店長は手を抜いているどころか、むしろ一生懸命なのですが、その思いがメンバーに伝わらないのです。

社内のモニタリングのスコアも最低点。いよいよ本部から指導が入りました。追い込まれた末に、店長はメンバーの前で本音で想いを語ったのです。

「お客様と笑顔で接客できる店を作りたいんです。でも、とても、自分1人では、できません。どうか力を貸してくれませんか？」と。

さらに、店長の本音は続きます。

「(私が話しかけても)みんなの反応が薄いと、寂しい」と。

一瞬にして、メンバーの表情が笑顔に。「そうだったんですか！」と。

そこから、メンバーの「こうしたら、いいのでは？」と意見が飛び交い始めました。

実は、後日談があります。

あるご縁から、この店長の元部下と話す機会があったのです。

その後、ずっと店の雰囲気は良かったそうです。

あなたが、「アンダードッグ効果」を発動させる鍵

当然ですが、ただ弱さを見せるだけで応援されるわけではありません。

リーダーが、部下に求めるのは「同情」ではありません。「かわいそう」と思われてはいけません。

リーダーが、求めるのは、「共感」です。

ですので、きちんと努力し、誰がみても、一生懸命に行動していることが前提。

少なくとも、一生懸命にやるべきことをやってください。

その上で、本音を自己開示すればいいのです。

「こうしたい」。でも、「1人ではとても無理。助けてほしい」と。

そうすることで、共感が生まれ、さらにチームワークが、良くなること間違いなしです。


さて、ここで、やってはいけない「自己開示」も紹介しておきましょう。

リーダーが絶対にやってはいけない自己開示があります。

それが、この2つ。

1つは、「何を目指すべきかが、わからない」といった、行先に迷っている自己開示。

もう1つは、「うまくやれる自信がない」というマイナスの自己開示。

これをしてしまうと、部下は不安でしかなくなります。


繰り返します。とはいえ、リーダーには強さが必要です。

でも、それは強そうに見せることではありません。

「目指すものはある（こうしたいと思うことはある）」

「でも、1人ではできない。みんなとならできる自信がある」

これが、正しい自己開示。


気が楽になりませんか。

ぜひ、弱みを見せていきましょう。その方が、チームの一体感は高まります。

POINT

弱さは、「隠す」ものではなく、「魅せる」もの。

1 日立製作所ホームページ
https://www.hitachi.co.jp/New/cnews/month/2012/07/0717a.html
2「グロービス　知見録」
https://globis.jp/article/7380
3『トップ3%の人は、「これ」を必ずやっている　上司と組織を動かす「フォロワーシップ」』(伊庭正康・PHP研究所)
4『ティール組織　マネジメントの常識を覆す次世代型組織の出現』(フレデリック・ラルー著、鈴木立哉訳・英治出版)

第3章

「この人と働きたい」と思われるリーダーがやっていること

激変した新しい「理想のリーダー像」

バリバリ働き、周囲を引っ張るリーダーは、もはや〝オワコン〟に？
この10年で理想のリーダー像は大きく変わったことを認識しておこう！

「寄り添うリーダー」が理想

人を引っ張るのが苦手なあなたに朗報です。

「2020年新入社員意識調査」（リクルートマネジメントソリューションズ）[1]が実施した「上司に期待すること」を知ると、〝やっと、時代が自分に追いついた〟、と思うかもしれません。

次の図を眺めてください。

まず、新しい上司像と、オワコン上司の要素を見てほしいのです。

「引っ張るリーダー」「言うべきことは言う」は、この10年で急降下。

変わって、上昇しているのは**「一人ひとりを大切にする」「相手の意見に耳を傾ける」**

この10年で激変した
部下が上司に「期待」すること

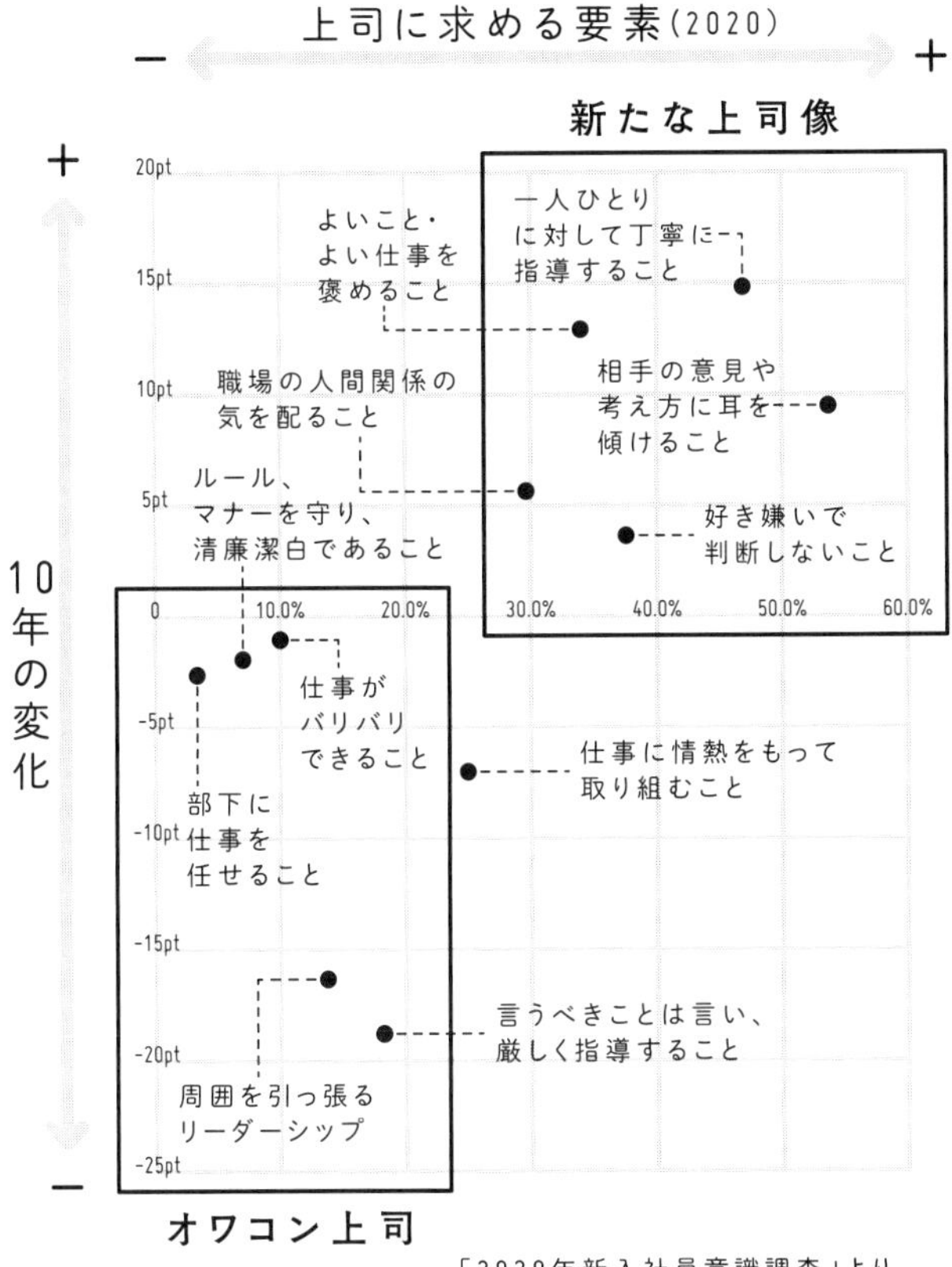

「2020年新入社員意識調査」より
(リクルートマネジメントソリューションズ)

といった、「寄り添うリーダー」こそが、新たな理想の上司像になっているのです。

実際この調査でも、こういっています。彼らは、「熱血型リーダーではなく、丁寧に指導・傾聴・認知できる支援型リーダーを期待している」と。

どうでしょうか。朗報ではないですか。

実際、**管理職研修を手掛けていてわかるのですが、部下に寄り添いながら、サポートするスキル研修が主流**になっています。

「自然体」を認めるリーダーになろう

でも、中には、こう思う人もいることでしょう。

「そりゃ、そうしたい。でも、寄り添うスタイルで、果たして本当に成果を上げられるのか」、と。

逆です。むしろ、寄り添うスタイルのほうが成果を上げられます。

ここは、重要です。**常識をアップデートしなければ、これからはやっていけません。**

第2章でも紹介したキーワードを覚えていませんか？

グーグルの調査が導き出した、「最も生産性を高める要素」[2]を。

そう、「心理的安全性」でした。
誰もが立場を超えて、自由に発言しても、安全が保障される安心感。
もちろん、社会人としてのけじめは重要です。
挨拶をする、時間を守る、相手を気遣う。
もし、部下ができないなら、注意をしなければなりません。
でも、それは〝教える〟ことで済みます。
なにも、ぐいぐいと引っ張る必要はありません。

この章では、そんな「心理的安全性」を担保しながら、「この人と一緒に働きたい」と思ってもらえる、リーダーの戦い方を紹介します。

POINT

強いリーダーより、「自然体を尊重する」リーダーを目指そう。

お手本は、嵐のリーダー〝大野くん〟

中間管理職と真のリーダーシップとの微妙な半歩の違いは、プレッシャーの下で優雅さを保てるかどうかだろう（ジョン・F・ケネディ）

じゃんけんに負けて選ばれたリーダー

私は、**今の時代、リーダーが成功する鍵に、「穏やかさ」もあると確信しています。**そのロールモデルの1人は、惜しくも活動休止した「嵐」のリーダー、大野くんでしょう。

『嵐　大野智のリーダー論』[3]という本にこんな記述があります。

「じゃんけんに負けて選ばれた」彼が、なぜ、押しも押されぬリーダーとして君臨しているのでしょうか。（中略）内向的で、人に無関心、だけど、彼以外にリーダーはあり得ないとメンバーの全員が口を揃える、その理由は一体なんなのか。

大野くんに学べることは多そうです。

この本の中に、次のような記述を見つけることができます。

リーダーとして経験が浅いと自覚していたため、**自らがリードするのではなく、メンバーのよいところを引き出すことに徹した**、と。

たとえば、作品の方向性を提示するのは、その方面にセンスのある松本くんの役目。そして、みんなで意見を交換し、最後にまとめる役目が大野くん。

引っ張るのではなく、引き出すスタイルを物語るエピソードでしょう。

まだ、あります。

自分が話すより、聞くことが得意だった彼は、**人の話を聞くことを優先していたそうです**。しかも、聞くときは〝必ず〟笑顔だったと言います。

その穏やかさがよかったようで、メンバーにしてみれば、じっくりと聞いてもらえるので、メンバーからの信頼は絶大だったと言います。

温度差のある相手であっても否定をせず、フラットにいかなる意見も受け入れていたというのですから、まさに、今の時代にフィットしたリーダーの手本でしょう。

「穏やかな強さ」と甘さは違う

とはいえ、やさしさだけでは、ただの甘い人でしかありません。

繰り返しになりますがリーダーには「強さ」が、絶対に必要です。

でも、安心してください。なにも、猛々しさだけが強さではありません。

大野くんにあったのは、**穏やかな強さ**でした。

「隠すことなく、自分のミスを認める」
「周囲に非難がいかないよう、自分が非難の矛先になる」
「メンバーが失敗した時も、落ち込まないよう、
自分の失敗を共有することで安心させる」

いかがでしょう。

自分を守るよりは、グループを、そしてメンバーを守る。

つまり、1人の人間として自然体でリーダーを全うする姿勢を垣間見ることができるのではないでしょうか。

これこそが、必要とされるリーダーの強さです。

さて、私が、この「大野くん流スタイル」が今の時代におけるリーダーの手本だと、言う理由をわかっていただけたでしょうか。

やさしいだけではリーダーにはなれません。

時には、自分を犠牲にできる強さも絶対に必要です。

でも、**それを穏やかに、自然体でできるから、人がついてくる**わけです。

先ほど図で紹介した、ぐいぐい引っ張る「オワコン上司」とは正反対。

まさに、今ドキの「理想のリーダー像」です。

一人ひとりに寄り添い、一人ひとりの良さを引き出すリーダーシップこそが、まさに内向型リーダーが目指すべきスタイルなのです。

POINT

無理に強さを見せる必要はない。穏やかな強さを武器にしよう。

「やり方」は自分たちで決めさせる

星野リゾートの星野佳路社長は、
常に「で、どうします？」と部下に尋ねると言う。
部下は語る。「社長は、手柄を私たちのものにしてくれる」と。[4]

「指示する人、指示される人」の関係を壊す

第2章でティール組織の考え方を紹介し、話し合いによって決めるスタイルがベストだと言いました。

でも、リーダーが答えを持っていることも少なくありません。

特に業務の詳細を知り尽くすプレイングリーダーの場合は、なおさらです。

でも、ここで、**答えを言わないでください**。

まず、話し合いをします。

リーダーは「ちょっと違うな」と思っても、話を聞きつくします。

でも、当然、完璧な意見はありません。50点くらいの意見もあります。

それでも、関心を持って、いや、我慢して聞き続けます。


そして、いよいよ終盤に差し掛かった頃、リーダーが切り出します。

「いいね。でも、コストの観点は問題ないのかな？」

「そういうことか。ところで、メンバーの納得感を得られるかな？」と、尋ねることで抜け漏れの確認を取ります。

そこで、メンバーが抜け漏れに気付くことができれば、こう言います。

「どうしたら、いいかな？」と。

とことん、考えさせましょう。そう、我慢です。

ただし詰問にならないよう、やさしく。

この考えさせるプロセスが、本人の自己決定感を高め、「我がごと」として考えるようになり、指示する人、指示される人の垣根を壊し、メンバーの主体性が高まっていきます。

権限「移譲」ではなく、権限「委譲」を

権限の〝いじょう〟には2つの漢字があります。

1つは、権限移譲。これは、権限そのものを移譲する様を指します。

権限の〝移管〟と思えば、わかりやすいでしょう。

いわば、役割だけでなく、責任も一緒に渡していくのが権限移譲。

もう1つは、権限委譲。これは、ただ任せる行為を指します。

責任はそのままに、一部を任せると考えるとわかりやすいでしょう。

「この件、対策を考えてもらっていい？」とメンバーに委譲したとしても、責任は移管しません。その業務がうまくいかなければ、責任はリーダーにあります。

いわば、リーダーを、そしてチーム運営をサポートしてもらうのです。

ここで、**あなたがとるべき作戦は、「権限委譲」となります。**

つまり、部下に「あなたが、そう言うなら、そうしましょう」ではダメということ。

部下の話を聞き、「どうするのがいいですか？」と聞きながら、判断は上司である

あなたがやらないといけないのです。

「どうするのがいいですか？」と聞いた上で、「いいですね。それでいきましょう！」とリーダーの判断で決めた、としてください。

なぜ、わざわざこの話をしたのか。

実は、やさしい民主的なリーダーが失敗しやすいからです。

よかれと思って、「あなたがいいと思うなら……」と回答したところ、「責任逃れ」だと誤解を与えるケースが、〝よく〟あるからです。

ちょっとしたことですが、ここをミスリードしてしまうと、無責任なリーダーだと誤解されかねませんので、「よし、それでいきましょう」とリーダーが決めた流れにしてください。

POINT

方法は部下に考えさせながらも、
責任は上司にあることを明確にしておこう。

あなたの繊細さは、人望に変わる

気にしすぎる傾向は、決してネガティブな要素ではない。

「気にしすぎる」とは、言い換えると、「気が利く」ことでもある。

気がつきすぎて、疲れるあなたへ

「繊細さん」という言葉を聞いたことはないでしょうか?

生まれつき「非常に感受性が強く敏感な気質をもった人」という意味で、「Highly Sensitive Person(ハイリー・センシティブ・パーソン)」と言います。

頭文字をとって「HSP(エイチ・エス・ピー)」。

統計的には人口の5人に1人があてはまる生来の性質である、と言われています。


気を遣う人=繊細さん、というわけではないですが、まずセルフチェックしてみませんか。ある程度、確認することができます。

少しでも当てはまるのなら「はい」。まったく当てはまらない、あまり当てはまらない場合は「いいえ」で答えてください。

1、自分をとりまく環境の微妙な変化によく気づくほうだ
2、他人の気分に左右される
3、痛みにとても敏感である
4、忙しい日々が続くと、ベッドや暗い部屋などプライバシーが得られ、刺激から逃れられる場所にひきこもりたくなる
5、カフェインに敏感に反応する
6、明るい光や強い匂い、ざらざらした布地、サイレンの音などに圧倒されやすい
7、豊かな想像力を持ち、空想にふけりやすい
8、騒音に悩まされやすい
9、美術や音楽に深く心動かされる
10、とても良心的である
11、すぐにびっくりする（仰天する）
12、短期間にたくさんのことをしなければならない時、混乱してしまう

13、人が何かで不快な思いをしているとき、どうすれば快適になるかすぐに気づく（たとえば電灯の明るさを調節する、席を替えるなど）

14、一度にたくさんのことを頼まれるのがイヤだ

15、ミスをしたり、物を忘れたりしないようにいつも気をつける

16、暴力的な映画やテレビ番組は見ないようにしている

17、あまりにもたくさんのことが自分のまわりで起こっていると、不快になり、神経が高ぶる

18、空腹になると、集中できないとか気分が悪くなるといった強い反応が起こる

19、生活に変化があると混乱する

20、デリケートな香りや味、音、音楽などを好む

21、動揺するような状況を避けることを、普段の生活で最優先している

22、仕事をする時、競争させられたり、観察されたりしていると、緊張し、いつもの実力を発揮できなくなる

23、子供の頃、親や教師は自分のことを「敏感だ」とか「内気だ」と思っていた

『ささいなことにもすぐに「動揺」してしまうあなたへ。』（エレイン・N・アーロン［著］・冨田香里［訳］ SB文庫）より引用

どうでしたか。

12個以上に該当した場合は、HSPの気質があるとされています。

一方で「はい」が1つであっても、その度合いが極端に強い場合は、HSPの気質があるとされています。

繊細さが人望になった話

さて、ここで繊細であったとしても、誰もまねできない強みになるのでご安心を。

ある喫茶店のママの話を紹介しましょう。

先ほどのチェック項目でも、いくつか当てはまるのですが、とりわけ10の「とても良心的」が高い方です。

その喫茶店は、満席になっても20席程度の小さな喫茶店。

でも、常に満席で、わざわざクルマを運転して遠方からもお客様が来られます。大会社の社長さんから、街の商店主、近所の主婦、ご老人など、様々な人が入れ替わり立ち替わりで繁盛するお店です。

もちろん、コーヒーのおいしさもウリの1つですが、それ以上に「話を聞いてほしい」というお客さんが多いのが特徴の店です。

ママに聞くと、同時に13人分のオーダーをさばきながら、笑顔で会話をしていたとも言うのですから驚きです。

時には手が滑って熱湯が腹部にかかり大やけどを負いながらも、店に立ち続けて会話をしたとも言いますし、立ちくらみがして立っていられない状態でも、接客をしていたと言います。

「せっかく来てくださっているのに、話を聞いてあげられないのは申し訳ない」、それが理由。なかなか、できないことでしょう。

さて、話はここからです。この**「人のよさ」が人望に変わる**話をしましょう。

お客様の中には、「お金を貸してほしい」と来られる人もいたそうです。

しかも、別々のタイミングで3人も。

断ればいいのに、「じゃあ数万円」と売上の中から貸してあげたそうです。

すべて「気の毒だから」とのこと。

数万円といっても、コーヒー100~200杯分の金額ですから大金です。

普通に考えると、当然ですが、返済は期待できません。


ここから不思議なことがおこります。

ある日の深夜、自宅に来客がありました。

それは、お金を貸していた精肉店の店主でした。

「今から夜逃げするので、お金を返しておくね。他の人には返済できないままに逃げるので、できたら内緒にしておいて……」と、夫婦で来られたのです。

まだ、あります。お金を貸していたパン屋の店主。

パン屋さんは、夜中に借りたお金と食パンを店先に置いて、夜逃げ。

「夜逃げするのに、わざわざ返すのか」と思いませんか。

3人目もそうでした。警備会社の社長です。

「金、返すね。遅くなってごめん」と店に来られたそうです。

そして、その翌日には事務所には誰もいなくなっていました。夜逃げです。

どうやら、3人から返済してもらったのは、このママだけだったようでした。

それはそうです。お金を返せないから夜逃げするわけです。

私はママに聞きました。

なぜ、返しに来られたと思うか、と。

「わからないけど、何か感じられたんでしょ」と。

聞くと、ママは、犬とも会話できるそうです（あくまで、ママが言うには）。

「何を考えているかわかる」と言います。

犬も確かに話しかけるように懐いていました。

これは、ひとえに「繊細さん」の気づきすぎる性質を活かしているとしか思えません。

「わからないけど、何か感じられたんでしょ」は、そんな短絡的なものではなく、いろいろと想像されての答えだったのではないかと思わざるをえません。

もし、繊細すぎて疲れる、ということであれば、「この〝細かな気遣い〟が人望に変わる」と思えばラクになる、と考えてみてください。

POINT

繊細さは、相手の声にならない声を理解できる高い共感力、と考えよう。

部下が会社に来てくれるだけでも、感謝しよう

オワコン上司は、部下に「やらせる」と言うが、
部下に心から感謝する上司は、部下に「やらせる」とは、とても言えない。

今こそ、必要とされる気づく力

もし、先程のチェックリストで、あなたが繊細さん、もしくは、人のことに気を遣うタイプだったら、こんなことはないですか？

メンバーについて考える時のこと。

「この人は、今、きっと、こんなことを考えているだろうな。
だから、こうすると、こう感じてもらえるかも。
でも、ひょっとしたら、こう思われてしまうかもしれない。
そうなると、やっかいだし……。難しいなぁ……」

そのいろいろと考えてしまう傾向。武器にできます。

その気づける力を使って、しっかりと部下に感謝を〝行動〟で表してみてください。

冒頭で紹介したリクルートマネジメントソリューションズ社の調査でも明らかになっていたのは、新たな理想の上司像は、「一人ひとりに丁寧に接すること」「よいこと、よい仕事をほめること」といった要素が上位にありました。

研修で登壇する際に、「感謝の言葉をメンバーに伝えることを意識している人」と尋ねると、今、8割の管理職の方は「はい」と回答されます。

そりゃ、頑張ってくれたら「ありがとう」とは誰もが言いますし、達成したら、「よくやった」とも言います。

でも、ほとんどは、「成果や行動」に対しての感謝です。

繊細さんは、もっと「当たり前」のことに感謝をできる人でもあるのです。

当たり前のことに感謝の気持ちをしっかりと表すのです。

部下が会社に来てくれるだけで感謝

経営の神様、松下幸之助さんも、調べるほどに繊細な傾向があることがわかる方の1人です。経済人でありながら、哲学者のように、人間としての在り方の探求をされたことでも有名です。

さて、その松下幸之助さんの感謝力は参考になるでしょう。

パナソニックが町工場だった草創期を語られた東洋経済オンラインの一節[5]から。

「本当に明日から来てくれるかどうか、心配になる。翌朝、その子が来てくれるか、表の道に出て、角のところで、そっと覗いていて、遠くから歩いてくる彼の姿を見つけると、嬉しかったな。よう来てくれた。すぐに店に戻って、待つんや。そんな状態やったな。だから、その子を育てんといかん、立派な人に育てんといかん、と心のなかで誓っておったもんや」

会社に来てくれるだけでもうれしいといった感覚はなかなか持てないものですが、でも、あえて、あなたも、そのように思ってみてはいかがでしょう。

冷静に考えると、部下にしてみれば、なにもこの会社でなくても、別の会社で仕事をしてもいいわけですし、他の部署に異動願いを出してもいいわけです。

ここからは、私の提案。

「昨日、AさんがBさんを手伝ってくれたことがうれしい」「Cさんが、早めにコピー紙の注文を出してくれたので助かっている」など、日常の一人ひとりの行いに対し、感謝の言葉を発するだけでも、あなたの感謝力がにじみ出るでしょう。

あるアパレルチェーンでもっとも評判の良い店長と称される人を取材したことがありますが「Dさんが、落ちていたハンガーをキチンと拭いて、ラックに戻した姿はうれしかった」と伝えられていたのを知り、気づける力は武器になる、と感じたものです。

非繊細さん、または気づけない人は「なかなか気づけない、ささやかな行動」に感謝を示すことで、「この人と頑張りたい」と思われるようになるでしょう。

POINT

ささいなことでも、感動したら、それを感謝として伝えよう。

部下が愛するのは「人間くささ」

富士山は、遠くから見ると完璧なまでに美しいが、現地に行くとそうでもない。名リーダーも遠くから見ると完璧だが、一緒に仕事をすると不完全なものである。

「しかたないなぁ」のポジションをとる

リーダーになると、頼りがいのある人を演じようとしたくなるものですが、あまりおすすめしません。いくら取り繕ってもバレバレです。

むしろ、リーダーは、自然体のほうがいいのです。

さらに言うなら「弱点がわかりやすい人でもいい」と割り切ってみるといいでしょう。

先ほどの、大野くんを想像してみてください。

大野くんも、自然体ですよね。

大野くんだから仕方ない、と愛されているようにも思います。

私は研修講師、ビジネス書の著者として、多くのリーダーを研究してきましたが、人望のあるリーダーは、大野くんのように**「不完全さ」、言い換えると「人間くささ」がキャラクターになっている**ということです。

ちょっと、わかりにくいかもしれません。

スティーブ・ジョブズ氏は、こだわりが強く、時には子どものように感情が爆発しやすかったといいます。

飛ぶ鳥を落とす勢いであるニトリの似鳥昭雄会長はインタビューで「物覚えがわるかった」とおっしゃっています。

あなたの会社の部下に愛されるリーダーたちを想像してみてください。

完璧な人より、なぜか「不完全さ」がにじみ出ている人のほうが、親しみを感じませんか。

美しい富士山も、実際に登ると、不便なことだらけだそうです。

それでも、人が富士山に向かうのは「富士山だから、この不便さも仕方ない」、そんなところでしょう。

「あの人のことだから、しかたないなぁ」、と思いながらも周囲はついていく、それがリアルなリーダーの姿なのです。

不完全さが「許されない人」と「愛される人」の差

でも、注意はあります。

その「不完全さ」が許される人と許されない人がいるということです。

気に入られようとやさしくするだけでは媚びているように見えますし、だからといって堂々としすぎると、無用な敵愾心をあおることになります。

その差を分けるもの、それは、「愛嬌」があるかどうかです。

東洋経済オンライン（2017年5月4日付）でも紹介された有名なエピソードがあります。

松下幸之助さんが主宰する松下政経塾の最終面接でのこと。

選考に迷った採用責任者が選考基準を幸之助さんに相談したところ、

「そうやなあ、〝運が強いこと〟と〝愛嬌があること〟、この2つやなあ」とおっしゃったと言います。

あなたが想う理想のリーダーを想像してみてください。

実際の経営者や歴史上の偉人。

そのリーダーには「愛嬌」があるのではないでしょうか。
とはいえ、愛嬌は、狙って「明日からつくりましょう」というものではありません。
長年の考え方がにじみ出るものと考えるべきでしょう。

・不器用であっても、常に何かに一生懸命であること。
・「私憤」ではなく「公憤」を持っていること。
(もっとサービスを改善しないといけない、お客様、または世の中のためにこうしなければならない等、自分のためではない公の憤りを持っている)
・オープンマインドであること。
(わけ隔てなく、誰であっても、その人の意見や努力を尊重すること)

このあたりのことを意識しておくといいでしょう。

POINT

リーダーの不完全さは魅力になると考えよう

「部下への任せ方」を理解しておく

任せられるのはイヤという部下は増えている。でも、成長はしたいと思っている。

「放任」と「任せる」ことの違いを知ると、任せ上手なリーダーになれる。

「放任」と「任せる」の大きな違い

もう少し、「権限委譲」の話をしましょう。

任せたつもりが放任になっているケースは少なくありません。

自分が引っ張るより、部下に任せたいと考える内向型リーダーほど、気をつけておきたいポイントです。

まず、「放任」と「任せる」の違いを把握しておきましょう。

次の条件を満たしていれば、「任せる」、になります。

条件1　部下が今、何をしているか〝業務レベル〟で具体的に説明できる。
条件2　任せられた部下の〝不安、不満〟を確認している。

案外、できていないものです。
研修先でこんなケースがありました。
その人は営業に精通するプレイングマネジャー。
内勤のことは、あまり詳しくはありませんでした。
だからこそ、よかれと思い、内勤のベテランに任せていたのです。
でも、その内勤のベテランからのクレームが出ます。
「もう少し、業務のことを把握してほしい」と。

実は、これは本当によくあること。
私もリーダーになりたての頃、まったく同じ状況に遭遇しました。
よかれと思って任せたら、「もっとかかわってほしい」と。

先ほどのリーダーも、かつての私も、2つの条件を満たしていなかったため、そうなりました。

部下の成熟度に合わせた「任せ方」

では、効果的な任せ方とは、どんなものでしょうか。

「ベテラン」「中堅」「新人」別にアプローチを変えるといいでしょう。

いくら自己決定感は大事だといっても、新人に「君は、どうしたい?」と尋ねるのは、本人にしてみればプレッシャーでしかありませんし、自分で考えることができる中堅社員に細かく指示すると、「やらされ感」しかありません。

次の図をご覧ください。

これは、私が研修で紹介する「部下へのかかわり方」のスタイルで、この手法を使うことで、効果的に部下に任せられるようになります。

まず、縦軸と横軸。

縦軸は、部下の「技術(スキル)」の習熟度。

横軸は、部下のミッションへの達成意欲。

この2つのコンディションに応じて、〝3つのかかわり方〟があります。

「任せ方」には3つの方法がある

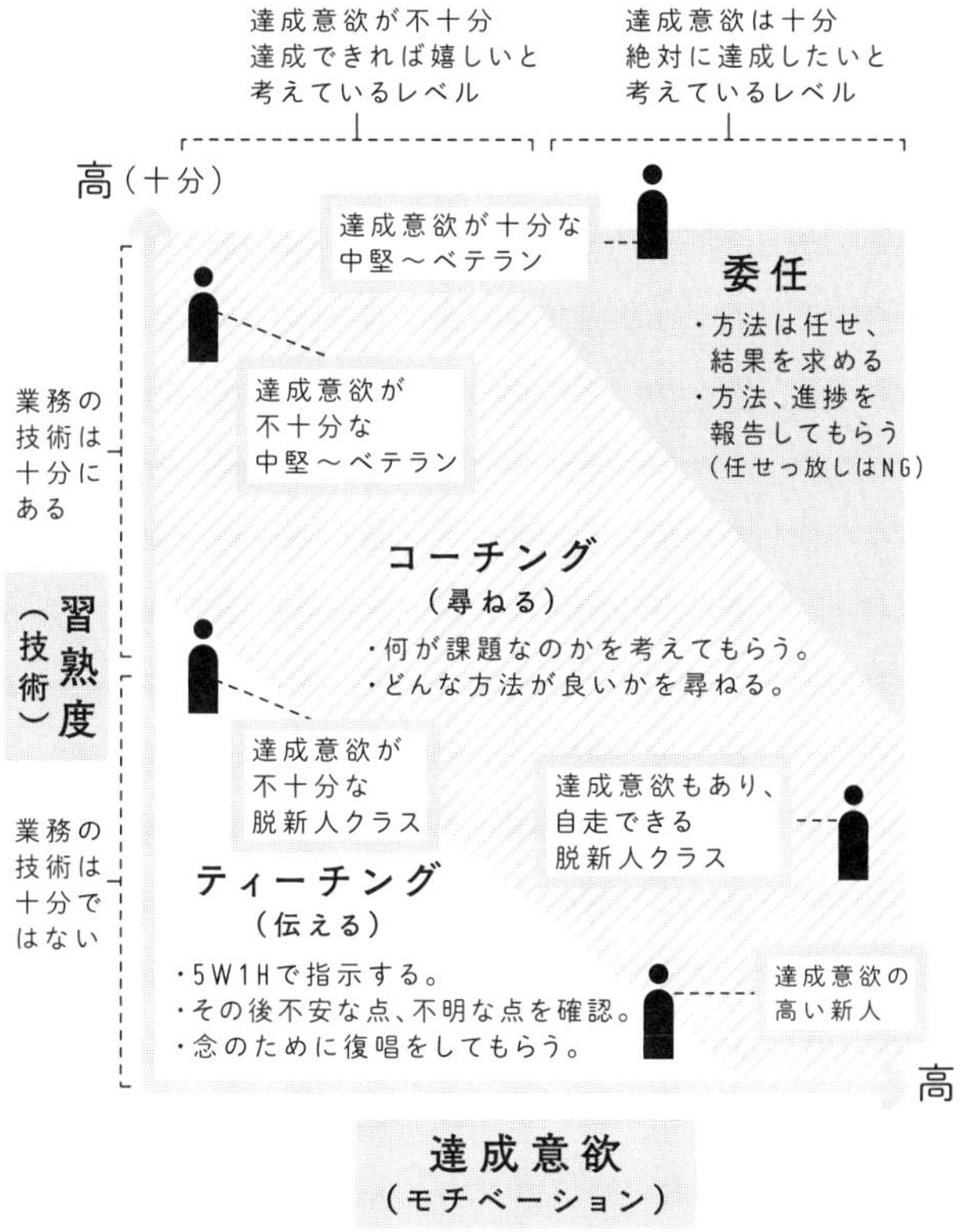
達成意欲が不十分
達成できれば嬉しいと
考えているレベル
達成意欲は十分
絶対に達成したいと
考えているレベル
高（十分）
達成意欲が十分な
中堅～ベテラン
委任
・方法は任せ、
結果を求める
・方法、進捗を
報告してもらう
（任せっ放しはNG）
達成意欲が
不十分な
中堅～ベテラン
業務の
技術は
十分に
ある
コーチング
（尋ねる）
・何が課題なのかを考えてもらう。
・どんな方法が良いかを尋ねる。
習熟度
（技術）
達成意欲が
不十分な
脱新人クラス
達成意欲もあり、
自走できる
脱新人クラス
業務の
技術は
十分で
はない
ティーチング
（伝える）
・5W1Hで指示する。
・その後不安な点、不明な点を確認。
・念のために復唱をしてもらう。
達成意欲の
高い新人
高
達成意欲
（モチベーション）

この方法で使い分けるといいでしょう。
では、ここからは、各手法について進め方を紹介していきます。

◎ 委任

〈対象〉
・スキルも意欲も高いベテラン。
〈ポイント〉
・本人のやり方に任せる。
〈方法〉
・要求水準を明確にする（このレベルまでお願いしたい）。
・やり方を考えてもらい、提案をしてもらう。
・実施後、放任しないために、定期的に報告ミーティングを行う。
（進捗のチェックだけでなく、必要な支援をするため）

◎ コーチング

〈対象〉

・自分で考えることができる中堅、もしくは脱新人クラス。

〈ポイント〉

・尋ねることによって、自分で答えを出し、自己決定感を高める。

・答えが不十分の時は「この観点は大丈夫かな？」と示唆をする。

〈方法〉

・コーチングのGROWモデルを使うことをおすすめします。

・次ページの図のようにG→R→O→Wの流れで尋ねることで、本人にやり方を考えてもらいます。

◎ティーチング

〈対象〉

・自分で考えることができる中堅、もしくは脱新人クラス。

〈ポイント〉

・任せるといっても、一度、失敗をしてもいいので、「やらせてみせる」レベル。

・なれない仕事ゆえ、行き違いと本人の不安を解消しておく。

中堅に使いたいコーチング技法
GROWモデル

G	会話のゴール	Goal	「では、**について話し合いましょうか?」
R	診断	Reality 現状の把握	「状況を教えてもらっていいですか?」 「いつからですか?」 「どうなっているのですか?」 「それはどういうことですか?」など
		Resource 資源の発見	「何があれば問題はなくなりますか?」 「必要な条件は何ですか?」 「我慢できる条件は何ですか?」など
O	対策の選択肢	Options	「どんな方法があるか、いくつか方法を考えてみませんか(リストアップ)」 「どの方法が一番しっくりきましたか?」など
W	本人の意志	Will	「まず、何から手をつけたいと思いましたか?」 「納得感はありますか?」 「ではスケジュールを決めましょうか?」など

〈方法〉

・5W1Hで「やること」を指示する。

「これをする理由」を伝え、「この時間に、この場所で、この内容を、この方に、この方法で」することをゆっくりと伝える。

・その後、不安や不明な点がないかを確認。

・最後に認識にズレがないよう、復唱をしてもらう。

このように、部下のコンディションによってアプローチを変えることで、任せ上手になれるでしょう。ぜひ、トライを。

POINT

部下の成熟度にあわせながら、どんどんと部下に任せよう!

1「2020年新入社員意識調査」(リクルートマネジメントソリューションズ)
2グーグル re:Work
https://rework.withgoogle.com/jp/guides/understanding-team-effectiveness/steps/identify-dynamics-of-effective-teams/
3『嵐　大野智のリーダー論』(鉄人社)
4NHK「プロフェッショナル　仕事の流儀第1回」
https://www.nhk.or.jp/professional/2006/0110/index.html

5 東洋経済オンライン「一人も解雇するな、一円も給料を下げるな」（江口克彦）
https://toyokeizai.net/articles/-/53911

第4章

命令せず、教えずに、部下が「自分から動く」ように導く方法

接近戦で〝しっぽり〟が正解（1on1ミーティングのすすめ）

今や「1on1」の導入割合は4割超に（『日本の人事部　人事白書2020』より）。正しい1on1ミーティングができることは、リーダーの新たな要件になっている。

1on1ミーティングがない組織はオワコンになる

部下の状況、部下の本音をもっと知ることができたら、と思いませんか。

最近は、リモートワークなどの導入もあり、部下の状況が見えなくなりました。

ぜひ、1on1ミーティングを取り入れてください。一気に解決します。

リクルートマネジメントソリューションズ社の調査（2022）では、約7割の企業が公式の制度として導入しているというのですから、検討しない手はないでしょう。

あらましを整理するとこんな感じです。

◎1on1ミーティングのあらまし

・隔週に1回、1週間に1回の頻度で実施（少なくても月に1回）。
・15分、30分程度の時間で行う。
・部下のことを聞き切る面談（上司は聞き役に徹し、話すことを我慢する）。
・きちんと個室で行うこと（部下が言いにくいことも言いやすいように）。
・話題は次の3つから、部下にチョイスしてもらう。
「今働いている環境で不安はないか」

「仕事の進め方で不安はないか」

「キャリアのことで不安はないか」


このように、普通の面談とは異なり、徹底的に部下の話を聞きつくす面談です。

私自身が、1on1ミーティングのスキルアップ研修を提供しているからこそわかるのですが、控え目なリーダーのほうが、うまくいくケースが多いのです。

旧来型のリーダーは、つい自分のことを話してしまい、せっかくの面談がアドバイスに終始してしまうことになりがち。そうなると1on1ミーティングをする毎に部下にしてみればやることが増え、地獄の面接と化してしまいます。

しかし今ドキのリーダーは、質問に徹してください。

しかも、部下の声にならない苦しさ、ジレンマ、不安を真摯に聞いてあげる姿勢が部下からの信頼につながっているのです。

声にならない「不（不満、不便、不安）」を知ることができる

この聞き切る面談がいかに効果的であるか、参考になる事例を紹介しましょう。朝日新聞の「福祉・介護マイスターを追え　KAI-GO！」に掲載された東京都町田市にある介護施設「合掌苑」のマネージャーの言葉です。

「私がちょうど入社した頃の25年前は、弊社も新卒で10人入っても1年後に残るのは2人というありさまでした。新卒離職率80％ですよね。地域で〝合掌苑には勤めない方がいい〟といった悪口まで流れていました（中略）月に1回のペースで職員一人ひとりと面談をしてみることにした。すると、『話すことなんて別にない』といっていたベテランの方が、面談をしてみると3時間、4時間も話す。（中略）1回、2回と回を重ねてくるうちに、最初は感情的な不満や他責にしていたことが、具体的な仕事の話に変わり、解決策の提案をするなど意見も前向きになっていったのです。」

これこそが、まさに聞き切る面談の効果。

離職率が10%を切り、復職率が100%になったというのですから驚きです。

実は、合掌苑を取り上げたのは、ぜひ、あなたに紹介したいと思ったからです。

幸運にも合掌苑の公開職場見学会に参加する機会があり、理事長の話に感銘をうけました。新しい社宅を用意するなどの投資もされたそうですが、**「部下の話を聞きつくす面談」の効果は絶大だったようで、最良の対策だった**ようです。

でも、部下が本心を話してくれるか不安なもの。

理事長もおっしゃっていました。「職場で気になることありますか？」と聞いても、最初は、出てこない。でも、ここであきらめずに回数を重ねてください、と。

回数を重ねると、次第に「不満の声」「提案」が出てくるから、と。

ただただ「聞くこと」が、数億円かかると思われる社宅建設の投資より効果的というのですから、やらない手はありません。トライしてみてはいかがでしょう。

POINT
毎週、隔週に1回、面談の機会を持てば、確実に従業員満足度はアップする

効果的な1on1ミーティングの進め方

せっかくの貴重な時間、沈黙になったり、雑談に終始したりすることは避けたい。

「事前準備」と「面談の流れ」を決めておけば、確実に予防できる。

1on1ミーティングを雑談で済ませないために

さて、私が研修で紹介している具体的な進め方を紹介しましょう。

ここを押さえておかないと、それこそ「雑談の場」となってしまい、忙しい部下にしてみれば、「ムダな時間」と思われかねません。

でも、安心を。このステップを踏めば、確実に効果的な面談となります。

私が研修で紹介する流れを紹介しましょう。

◎事前準備

まず、事前の準備が肝心です。部下に「シート」を記入してもらってください。

事前にシートに記入をお願いします

話したいトピックは?(いずれかでOK)

個人的に知っておいてほしいことは? ・生活の変化 ・家族のこと ・健康のこと　何でもOK	
職場もしくはリモート環境で気になることは? ・備品　・IT環境 ・関係性 ・働き心地　何でもOK	
業務上で気になることは? ・社内、社外のやりとり ・リスクや脅威　・報連相 ・新たなチャンス ・改善すべきこと　何でもOK	
やる気は十分? ・気がのらない等は?	
やってみたいことは? (将来、直近)	

すべてを埋める必要はありません。1か所でOK。部下も考えを整理する時間があってこそ、良い面談ができます。当日は、このシートを見ながら面談をします。

◎ 時間調整

次に時間調整。ある程度、曜日、時間を固定することをおすすめします。お互いが忙しくて時間が反故にされることを予防できるからです。予定を固定するイメージは、「お稽古ごと」と一緒。習慣化できます。

◎ 1on1ミーティングの4ステップ

会議室でもオンラインでも、進め方は全く一緒です。ステップ1〜4の流れで実践してみてください。ステップ1〜3はイントロ、本題はステップ4と考えるとわかりやすいでしょう。

〔ステップ1〕アイスブレイク　※10〜20秒
〈目的〉話しやすい場にすること。
〈内容〉相手の状況に関心を示す。

「お疲れ様。先週は、忙しかった?」や「今週は忙しくなりそう?」

〔ステップ2〕体調、心の状態の確認 ※10〜20秒(問題があれば、延長)
〈目的〉部下の心身、健康確認。
〈内容〉心身の確認。
「体調に変化はない?」や「体調、心身のことで気になることはない?」

〔ステップ3〕先週のフィードバック ※10〜20秒
〈目的〉良かった点を褒める。
〈内容〉「行動」「結果」「影響」の観点でフィードバック。
「先週、新人に仕事を教えてくれたんだよね。ありがとう(行動)
新人たちも勉強になった、と喜んでいたよ(結果)
きっと、お客様への対応も変わると思うよ(影響)」

〔ステップ4〕ヒアリング ※10〜25分
〈目的〉ここが本題。部下の状況を教えてもらう。

1on1ミーティングの4ステップ

ステップ1	アイスブレイク	(10~20秒)
ステップ2	健康チェック	(10~20秒)
ステップ3	フィードバック	(10~20秒)
ステップ4	ヒアリング(本題)	(10~25分)

・環境のこと
・業務のこと
・キャリアのこと

〈内容〉部下が考えてきた「今働いている環境」、「仕事の進め方」、「キャリアのこと」の気になることを聞きつくす。

上司「じゃ、今回は、どんなトピックで話そうか？」
部下「業務のことで気になっていることがあり、いいですか？」
上司「もちろん。じゃ、聞かせてもらっていい？」

このようにステップを決めておくことで、上司も部下も「雑談」ではなく、「状況を把握する」ための時間であることを認識することができ、有意義な時間になります。
部下との会話が減っていると感じたら実践してみてください。

POINT

1on1ミーティングは4ステップで行えば、雑談にはならない

聞いてあげるだけで、部下のやる気は高まる

100人いれば、100人全員を理解することは、まず不可能だろう。
しかし、聞き切る人は、100人全員のことを受け止めることはできる。

話を聞いてもらうだけで「やる気」が出る不思議

部下のやる気を高めたいなら、ただ本人の話を共感しながら聞いてあげるだけでいいのです。

それは言い過ぎでは、と思われたかもしれませんが、聞くことの効果を知ると、驚かれることでしょう。

◎聞くことの効果

1　**自分の話を聞いてもらえるだけで、快楽物質の「ドーパミン」が出る。**

米ハーバード大学心理学部のジェーソン・ミッチェル教授とダイアナ・タミル

助教授は、約300人の脳をfMRIスキャンしたところ、自分の話をする時、人は、おいしい食べ物を食べている時、お金をもらった時と同じ脳内報酬系（快楽中枢）が活性化していることが判明。

2 さらに自分の話を聞いてもらえるだけで、**「負の感情」を手放す癒しの効果（カタルシス効果）も得られる**。病院で、先生にツラい想いを聞いてもらうことで、すっきりする、あれが、カタルシス効果。

3 また、しっかりと話を聞いてもらえることで、**自分はできる、といった「自己効力感」も高まる**。自分の考え方を受け止めてもらえる実感を得られ、自分は正しい、やればできる、といった感覚を持ちやすくなる。

どうでしょう。思い当たる経験はないですか。

でも、意外と、しっかりと話を聞き切るのは難しいものですよね。

コツを紹介しましょう。

理解できなくても、受け止めればいい

話を聞く際のコツは、評価せず。フラットに「相手を受け入れる」「話を聞いてその通りだと思う」が基本の姿勢。

理解できなかったとしてもOK。ただ、すべてを受け止めるようにします。

私が研修で紹介するデモンストレーションを紹介しましょう。

こんな会話を紹介しています。

Aさん　「外が曇ってきましたね」

Bさん　「あっ、ほんとだ。曇ってきましたね」

Aさん　「私、曇りが嫌いなので、晴れにしようかと思っているんです」

Bさん　「(えっ!?　おかしいぞ、この人)　そうなんですね。晴れに？　どうしてですか？」

Aさん　「だって、曇りだと、気持ちが重くなるじゃないですか。だから、晴れにしてあげたら、みんなが気持ちよく歩けると思うのです」

Bさん　「そういうことでしたか。そうなると、みんな喜ぶでしょうね」

Aさん「だと、思うんですよね」
Bさん「そうなると、うれしいですよね」

もちろん、Bさんは、Aさんの言っていることは、理解できていません。
でも、Bさんは、Aさんを受け止めていませんか。
これが、「聞く力」です、と研修で紹介しています。

まず、聞く時は、評価をして意見をしないこと。ここが極めて重要。
無理に意見を言う必要はありません。
おかしいな、と思っても聞き役に徹することです。

でも、それが、思った以上に難しいのです。
ここからは、研修で紹介する具体的なテクニックを紹介しましょう。

POINT

理解できなくても、受け止めてあげることが聞き上手の第一歩。

「拡大質問」で気づかせ上手にする

うまくいった時、上司のおかげ、と言われるのは、まだまだ二流。
うまくいった時、自分の努力、と思わせてこそ一流の上司。

答えを言わず、気づかせる

部下のやる気を引き出すテクニックはまだあります。

あえて答えを言わず、質問によって相手に気づかせる方法です。

グッとこらえて「拡大質問」を使うことで、部下に考える機会を与えます。

そうすることで、仕事がうまくいったら「自分が決めたことでやり遂げた」と自信を持つことができるでしょう。

ここで、解説が必要です。「拡大質問」とは何か。

まず、質問には、**2つの種類があります。「限定質問」と「拡大質問」です。**

限定質問とは、一問一答の質問スタイルのこと。

「単語」や「はい・いいえ」、で回答できる質問です。

いつのことですか？　（昨日です←単語）
やったのは誰ですか？　（課長です←単語）
ご存じですか？　（はい、または、いいえ）

などが限定質問。

今回、**ぜひ紹介したいのが、この限定質問ではなく、拡大質問。**

拡大質問とは、相手が自分の言葉を文章で自由に回答できる質問のことをいいます。

私が研修で紹介するのは「3つの〝ど〟」です。

「どうして」「どんな」「どのように」。

これらを使えば、もはや拡大質問は完璧です。

実際の会話はこのようなイメージです。

部下「今、飛び込み営業をしているのですが、断られてばかりで訪問するのが、つくづく嫌になってくるんですよね」

上司「それは辛いよね。どんなことを言われるの？」

部下「忙しいからいらない、と9割のお客様に言われます」

上司「そうか。それは困っちゃうよね。

どうして、先方様はそのようなことをおっしゃるのかな」

部下「えーっと……そりゃ、忙しい時に来られたら困るでしょうし、特に営業をかけられるのは邪魔ですしね」

上司「そういうことか。では、聞いてもいいかな？　どうすればいい？」

部下「それが難しいんですよね……」

上司「難しいよね。じゃあ、あるとすればだけど、どのようにすればいいかな？」

部下「まぁ、あるとすれば、営業ツールをお見せすれば、突破口を作れるかも」

上司「いいね。ちなみに、どんなツールがよさそう？」

部下「鮮度の高い業界情報がいいかも。一度、作ってみます」

◎ポイント

・「どうして、どんな、どのように」と先入観、意見を挟まずに聞く。

・クッション言葉を使うことで、詰問にならないよう注意している。

（聞いてもいい？　あるとすれば、ちなみに等）

いかがでしょう。質問だけで気づきを与え、対策を考えることができました。

この方法だと、成功すれば部下の手柄。きっと、本人の自信になるでしょう。

私は、**リーダーはもちろん、すべてのビジネスパーソンにとって、拡大質問をうまく使えることは必須のスキル**だと考えています。

お互いの関係性、チームワークを高めるためには極めて重要だと考えています。

なので、私の研修ではあらゆる階層においてトレーニングをしています。

実際、これらができれば仕事の成果は大きく変わるからです。

そして、この対話のスタイルこそがあなたのリーダーの持ち味となると確信しています。ぜひトライしてみてください。

POINT

「どうして、どんな、どのように」、と先入観、意見を挟まずに聞く。

転んだ子どもに、あなたはどんな声をかける？

部下が自分で立ち上がることを期待するなら、大丈夫、と励まさないほうがいいこともある。

「大丈夫」と励ます人は嫌われることも

相手の立場で話を聞くことは重要だと言われますが、意外と難しいものです。
少し、クイズをしてみましょう。
目の前に、5歳位の小さな男の子が転んだシーンを想像してください。
それほどスピードは出ていなかったし、傷もありません。
どう考えても、たいしたことがない状況だとします。
おそらく、甘えたいだけなのでしょう。
泣くほどでないのに、男の子は泣きじゃくって立ち上がりません。
さて、あなたは、声をかけるとしたら、どのような声をかけますか？

A：「大丈夫！ 怪我もしていないし、大丈夫だよ。はい！ 立って！」と励ます。
B：「大丈夫？ 痛いよね。どこが痛い？ そこか。よし、立てそう？」と対処する。

正解はB。Aは自分の思いを押し付けてしまっています。
Bは違います。相手の感情（ニーズ）に寄り添っていませんか。
もちろん、心の中では大丈夫と思っていますよ。
でも、子どものニーズは違います。ここは、かまってほしいと思っているわけです。
なので、**相手の感情（ニーズ）に寄り添うBが正解。**
正しさを振りかざすだけではリーダーとしても二流というわけです。
「そうか」「困ったよね」と寄り添ってみてください。
そして、最後に「どうしようか？」と尋ねれば、スクッと立ち上がるはずです。

POINT

判断基準はクールに、対応はウォームに！
そのウォームさが部下の心に火をつける。

「褒め上手」「叱り上手」になるテクニック

「ありがとう」「すごいね」が、部下の心に響いていないことは少なくない。

大事なことは褒める回数より、褒めどころにある。

褒め方、叱り方のコツとは

人は褒められると、やる気が高まります。

とはいえ、何でもかんでも、褒めればいいというものではありません。

ご機嫌をとるように「さすがだね」と言えば、説得力を失ってしまうでしょう。

一方で、叱らないといけない時もありませんか。

でも、言葉を間違えると、ハラスメントだと思われかねません。

部下が前向きになれる〝正しい叱り方〟がありますので、覚えておきましょう。

まず、**正しい褒め方、叱り方を知るだけで、部下のモチベーションをさらに高められます。**

図をご覧ください。

効果的な「褒めどころ、叱りどころ」

「褒めどころ」の階層		「叱りどころ」の階層
	内的帰属（強）	
◎ 達成もそうだけど、あなたがいてくれるだけで嬉しい。	自己認識	達成できなかったのか。あなたを認められないよ。
◎ 達成おめでとう！あなたのお客様を大事にするスタンスが素晴らしい（手本だ）。	信念・価値観	達成できなかったのか。あなたのそのスタンスが残念だ。
◎ 達成おめでとう！あの状況できめ細やかな対応が出来るのが素晴らしい（チカラがある）。	能力	達成できなかったのか。ちょっと早かったかな。仕方ないね。
達成おめでとう！丁寧に対応していたね！素晴らしい。	行動	◎ 達成できなかったのか。決めたことをしなかったのは残念だ。
達成おめでとう！素晴らしいね。	状況	◎ 達成できなかったのか。達成しなかったことは残念だったな。
	外的帰属（強）	

褒めどころ、叱りどころを把握しておくといいでしょう。

解説しましょう。

褒めどころ・叱りどころには、「状況」「行動」「能力」「信念・価値観（考え方）」「自己認識（自分の存在）」の5つの階層があります。前の要素ほど「外的帰属（本人以外の要素）」が強くなり、後ろに行くほど「内的帰属（本人の内面の要素）」が強くなります。

簡単に言うと、外的帰属（「状況」「行動」）は、〝見ればわかる外面的なこと〟。

一方、内的帰属（「能力」「信念・価値観」「自己認識」）は〝見えない、本人の内面〟。

言い換えれば、その人が持つ特性を指します。

では、ここで、褒めどころ、叱りどころを説明しましょう。

◎褒め方、叱り方のセオリー

内的帰属である「能力」「信念・価値観」を〝チョイたし〟して褒めます。

内面を褒められることで、部下は、自信を持つことができます。

恥ずかしがらずに少しだけ内面を褒めてみましょう。


「達成おめでとう！　よくコツコツがんばったね！（↑外的帰属要因）

コツコツとやり続けられるのがすごい。いいね」（↑内的帰属要因）

「達成おめでとう！ 丁寧な接客だったね。（↑外的帰属要因）

あのスタンスは他の人の手本になるよ。その調子で！」（↑内的帰属要因）

このように外面を褒めた後に内面を少しだけ褒めるのもいいでしょう。

外的帰属である「状況」「行動」のレベルにしか言及しないことが重要。

ダメな例を紹介しましょう。

「まだ、学生気分が抜けていない」はダメ。（↑内的帰属要因）

「ゆとりド真ん中の世代だから」は最悪。（↑内的帰属要因の最上位「自己認識」）

内面にダメ出しすると、想定以上のダメージを与えかねません。

この褒め方、叱り方のセオリーを知れば、適切な声かけができるようになります。

POINT

褒める時は内面を！ 叱る時は外面を！

年上部下のやる気を高める「三要素」とは？

「年上の部下」に苦手意識がある、という人は少なくない。

でも、それができないと、もはやリーダーにはなれない時代になっている。

私が救われた瞬間

皆さんは経験したことはないでしょうか。研修先で、よくいただく質問の1つ。

それは、「年上部下」への対処法。先述しましたが、もう少し詳しくマネジメントについて紹介していきます。


実は、私も、ある年上の部下とうまくいかない悩みを持っていた1人でした。

一言でいうと、その人は「納得」しないとイエスとは言ってくれず、その納得のストライクゾーンが狭い、当時の私はそう感じていました。

それだけでなく、こうも感じていました。

「ちょっと、なめられているな……」と。

実は、この後、問題は私のアプローチにあったことに気付かされます。

そのいきさつを白状します。

困り果てた私は、パパ友（子育て仲間）でもあった大手下着メーカーの取締役に相談をしました。その方は、数十年にわたって完全出来高の女性営業の方々を束ねてきた人でした。そこで、成果を出して幹部になれたのですから、ノウハウがないわけはありませんでした。

彼が教えてくれたのは、年上マネジメントの肝要は3つあるということでした。

◎ 年上マネジメントの三要素

①きちんと「褒める」（褒め方は、さきほど紹介した通り）

②きちんと「認める」（経験、存在を認める）（「あなたがいてくれて助かる」と伝える）

③きちんと「期待をかける」（期待をかけて叱る。「あなたほどの人が、どうして？」「次は大丈夫。信頼している」と伝える）

これをしていれば、必ずうまくいくというのです。

話を聞くと、①②はしていましたが、③はおろそかでした。

私は、全く叱っていませんでした。

彼が教えてくれた方法で、うまく叱り始めたところ、次第にうまくいき始めたのでした。

あなたは、上手に叱れますか？

でも、**うまく叱らないと、関係性が悪化するとも教えてくれました。**

私が教わったそのコツを共有しますね。

こんな感じで、期待をかけて叱ります。


上司「山田さん、よろしいですか？　いつも、山田さんには助けられています。

ただ、今回のミスは、山田さんらしくないと私は感じました。

いつもの山田さんであれば、二重チェックを必ずしてくれるはずですよね。

今回は、事情があったかとは存じますが、そこは残念に感じています。

この点について、どう思われますか？」

部下「忙しかったので、チェックが漏れてしまったのかな……。

次回から、二重チェックを徹底するよ」

上司「承知しました。山田さんなので、大丈夫です。信頼しています。

ご不安な点はありますか？」


ポイントは**「らしくない」と敬いながらも、「残念に思っている」と憤りを率直に伝え、ことの重大さを感じてもらい、「次は絶対に大丈夫」と伝え、ハッピーエンドに**します。

これだと、うまくいくイメージを持てませんか。

このように上手に叱ることができれば、相手が年上であろうが年下であろうが、あらゆる人に対し、遠慮せずに言うべきことを伝えられるだけでなく、部下のやる気を引き出すこともできます。

ぜひ、伝えねばならない時、使ってみてください。

POINT
年上であろうが、年下であろうが、うまい叱り方を知れば、うまくいく。

「会社のために頑張れ」はオワコン上司のセリフ

チャンスを潰す人物の特徴。「他人の能力を信じず、理解する姿勢がない。」
（日本軍の失敗を論じた『「超」入門　失敗の本質』より）

もはや、新卒の半数以上が知る「Will-Can-Must」とは？

有名なモチベーション理論「Will-Can-Mustの法則」をご存じでしょうか。
私が新卒の皆様に研修をするたびに確認するのですが、実に半数以上が知っている手法です。就活において、適職を探す際にも用いられているからなのですが、もはや、共通言語になってきていますので、使わない手はないでしょう。

まず、解説から。

●「自分のやりたいこと、なりたい姿」がWill。
●「自分の能力」はCan。
●与えられる「業務」がMust。

「やらされる」から「やりたくなる」へ Will-Can-Mustの法則

3要素が重なった状態になると、いかなる仕事もおもしろくなる。

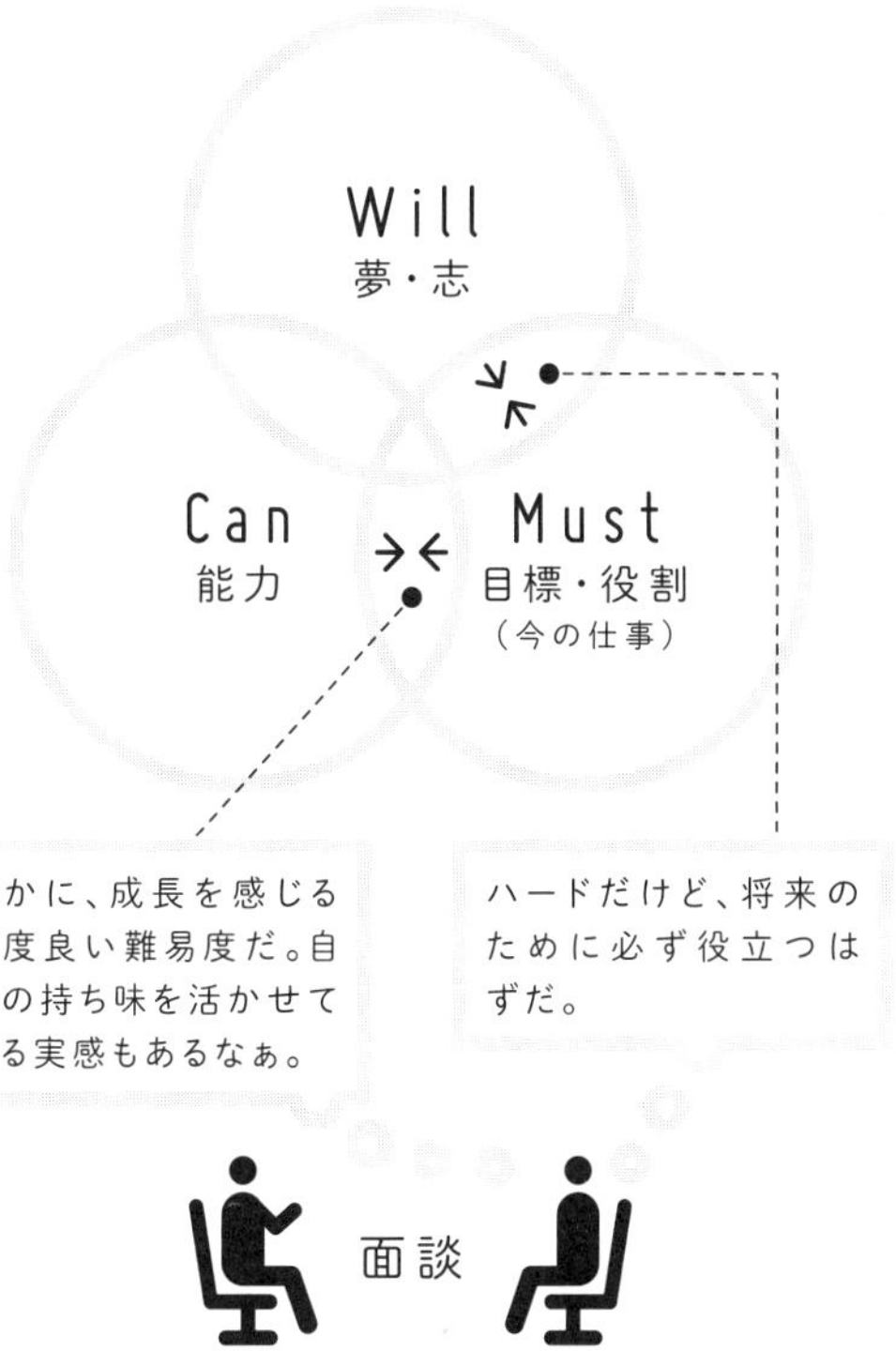
確かに、成長を感じる丁度良い難易度だ。自分の持ち味を活かせている実感もあるなぁ。
ハードだけど、将来のために必ず役立つはずだ。

この3つの要素を重ねることで、仕事は面白くなる、という考え方です。

上司と部下の面談を通じて、部下に重なりに気づかせます。

前ページの図をご覧ください。

部下に図中の吹き出しのような気づきを与えることができればOKです。

価値観を押し付けない上司になろう

たとえば、「仕事が面白くないんですよね。でも、やることはやりますので、気にしないでください」と冷めたことを言う部下がいたとしましょう。

上司としては気になるところです。

さて、どうしますか。

武勇伝を語って説得する、そんな無粋なことはしたくないでしょう。

私は、絶対にやりません。効果がないと知っているからです。

その代わりに、このWill-Can-Mustの法則で会話をします。

仕事がおもしろくない、と感じているのは事実でしょう。

この状態だと、本人が進んで工夫をする、もっと挑戦する、といったモードにはなりにくいもの。なんとかするのも上司の役目です。

まず、**ここでとるべきスタンスは、「頑張るのは、会社のためではなく、自分のためであり、「自分自身の成長のために、会社、仕事をうまく利用する方法」を一緒に考える、という姿勢**です。

中心にあるのは会社ではなく、その人の人生や生活において、会社・仕事とのかかわり方を考える手法です。

この手法は、リクルート、サイボウズなどをはじめ多くの企業で導入されています。

私の前職だったリクルートが、その発祥といわれており、心理学を経営に取り入れていた創業者の江副浩正氏と創業メンバーが始めたといわれています。

この江副浩正氏は内向型のリーダーで、**力強い言葉でメンバーを鼓舞するのではなく、一人ひとりの可能性を信じ、それぞれのモチベーションをうまく生かす**ことを標榜していたといいます。

私も21年間、リクルートの人材事業にいましたが、価値観を押し付けられた経験はありませんし、会社のために頑張れ、という言葉は聞いたこともありません。

でも、創業50年以上になっても、従業員の提案によって高収益事業をたくさん生み出していることから、間違いではない方法だと実感しています。

POINT

会社のためでなく、自分のために頑張ることを奨励する。

仕事が面白くなる「Will-Can-Must」面談のやり方

「別にやりたいことはない」という部下は多い。

でも、生きている限り、欲求がゼロになることはない。聞き方の問題である。

大事なことは「聞き方」

でも、Will-Can-Mustって、ちょっと難しそうに思いませんでしたか。

大丈夫です。流れを知れば、スグできます。

具体的には、3つのステップで行います。私が研修で紹介するケースをお伝えしましょう。私が見た、26歳のある女性（部下）と上長のやりとりです。

一生懸命に仕事をするものの、少しモチベーションが下がっている状況でした。

◎準備：自分でシートに記入してきてもらう

いきなり「やりたいことは？」と聞かれても部下は、困ってしまいます。

まず、事前に考えてきてもらうことをおすすめします。

記入シートを用意するといいでしょう。

「直近でやってみたいこと」「将来やってみたいこと」「伸ばしたい能力」。

この3点を記入し、持参してもらいます。

◎ステップ1：【Will】の確認

上司「（シートを見ながら）では、聞かせてもらっていい？」

部下「シートに書いてはみたのですが、やりたいことは、特にないんですよね」

上司「そうか、ＯＫ。じゃ、聞くね。あるとしたら、1～2年先、こうなっていたいな、と思うことはある？」

部下「そうですね。そこに書いているように後輩の指導役になっていたいです」

上司「どうして？」

部下「え～と、私が、新人の時、先輩に仕事を教えてもらって救われたからです。今、仕事の進め方を教えてあげたい新人が、たくさんいるのです」

上司「いいね。じゃ、今度は将来のことを聞いてもいい？10～20年先、こうなっていたいといった理想はどんな感じ？」

部下「10年先もそうですが、特にないんですよね。
　あるとしたら、一生働き続けたいとは思っています。
　母親が看護師として働いていまして、格好いいなと思っているんです」
上司「素敵だね。あえて聞いてもいい？　どうして恰好いいと思うの？」
部下「自立しているって格好いいな、と思うんですよね」
上司「たしかに、格好いいよね」

《ポイント》
・やりたいことが見えていない部下は多いが、聞き方を変えると出てくる。
・まず、最初に答えやすい「1〜2年後」について尋ねる。
・その背景も確認することで、本人の考え方を理解できる。
・その後に、将来のことを聞く。人によっては、考えたこともない人もいるので、答えられなくてもOK。

◎ステップ2：【Can】の設定

上司「（シートを見ながら）では、次は、伸ばしたい能力について確認しようか。

記入していることを説明してもらっていい？」

部下「計画力を習得したいと思っています。最近、残業が増えてきており、効率化を図らないといけないからです」

上司「いいね。私もそう思っていた。加えて、**私からも要望があるん**だよね。指導力を身に付けてもらいたいと考えている。来年から新人が配属される可能性があるので、この機会に覚えておいてほしいんだよね」

部下「わかりました」

上司「**今回の能力開発テーマ**は〝効率的な進め方〟〝育成力〟でいいかな？」

《ポイント》
・本人の希望をまず確認することが先。
・その後で、要望を伝える。
・最後は、能力開発テーマを明確にしておく。

◎ステップ3：【Must】の決定

上司「今回、お願いしたい役割は、前回に続き、新規開拓を月間で10件お願いしたい。ただ、今回は、〝効率化〟〝育成力〟を鍛えることを考え、〝効率的な営業手法〟にトライし、加えて、新人に教えられるよう〝メソッド化〟してほしい。どうかな?」

部下「あ、はい、わかりました」

上司「では、達成の基準を決めておこうか。何をもって達成としようか?」

部下「そうですね。では、時間外労働を月間5時間以内にします。また、3か月後に、育成計画の提案をするようにいたします」

上司「いいね。ところで、Willの実現に近づくイメージはある?」

部下「はい。必要なスキルだと考えています」

上司「了解。もし、難しい状況になったら声をかけて。じゃ、一度、進め方を考えてもらって、教えてもらっていい?」

《ポイント》

・要望は、会社として付与する業務のこと。

・Can(能力)の向上を図るものにする。※あえて、付加してもよい。

・Will(願望)に近づく実感を確認(Willにひっぱられて安易に変えてはいけな

い）。

※実感を持てなくても、「やりながら、考えてみようか」くらいでOK。

・最後は、具体的な進め方を報告してもらうように促す。

いかがでしょう。

この流れだと、価値観を押し付けることもなく、自分のために頑張ることを促せます。それでいて、自分勝手ではなく、結果的に組織への貢献も最大のパフォーマンスを発揮してもらうことができます。

価値観を押し付けたくない内向型リーダーにうってつけの方法ではないでしょうか。ぜひ、Will-Can-Must面談で、部下の主体性を引き出してみてください。

POINT

自分のために頑張るからこそ、結果的に会社への貢献度が最大化する！

1『「超」入門　失敗の本質』（ダイヤモンド社・鈴木博毅）

第5章

仲良しグループになっていないか?「戦えるチーム」のつくり方

そもそも、仕事にハマる理由はあるのか？

つまらないゲームは、クソゲーと呼ばれ敬遠される。
そんなクソゲーにハマる人もいるが、それは一部のマニアでしかない。

今や仕事は「ゲーム」である

「私についてきてほしい」、そんなボス型のマネジメントでは、ついてきてくれない時代に入っています。ついて行っても、言い方は悪いですが、しょせん「ポストがもらえる」「給与が上がる」「表彰される」といったことくらいではないでしょうか。

収入を増やすなら、無理に戦わずとも、隙間時間にメルカリやCtoCサイトで副業がてらグッズを販売したり、またはYouTubeに動画を投稿すれば、月に数万、数十万は稼げてしまう時代です。

もはや、「戦う理由」から考えないといけない時代なのです。

でも、ゲームと同じと考えるとスッキリします。

だって、ゲームで敵と戦うのは、お金や生活のためではないですよね。

ただ面白いのでハマってしまう、ということではないでしょうか。


仕事も一緒。**「ハマる喜び」をつくればいい**のです。

まず、やるべきことは3つ。そう、たった3つです。

・まず、全員が達成(クリア)したいと思える「チーム目標」を決める。
・メンバー同士が、知恵を出しあい、クリアする達成感を味わう。
・クリアしたその過程、結果が上司、同僚、第三者から賞賛される。

「え、これだけ?」と思われたかもしれませんが、ゲームも一緒ではないですか?

あえて、イージーなモードでお伝えしましたが、まじめなことほど、シンプルに考えたほうが、本質が見えるとの思いからです。

この章では、今の時代に「戦うチーム」をつくる具体的な方法を紹介していきます。

POINT

戦わなくてもいい時代だから、
ゲームのように、「ハマる喜び」をつくろう。

「腹をくくる」って、どういうこと？

「自業自得という覚悟さえつけば、人は大抵のことに大胆になれます」

（瀬戸内寂聴氏の言葉）

リスクを取れる人になる

テクニックを語る前に、避けて通れない話をさせてください。

リーダーとしての心構えです。

先に申し上げますと、私は精神論は好きではありません。

でも、ここを押さえておかないと、どんなテクニックも薄っぺらいものとなり、強いチームが作れませんので、あえて話をさせていただきます。

ちょっとだけ、お付き合いください。

結局は「腹をくくる」ということなのですが、ちょっとわかりにくいですよね。

端的に言うと、**うまくいかなかった時、一切の責任は自分にあると言い切る、と決めること、これが「腹をくくる」**です。

私が見た、あるリーダーの失敗例を紹介します。

あえて、名前は伏せます。とあるスポーツの日本代表監督でした。

惜しくも負けてしまったその試合のインタビューで、その監督はこう答えました。

取材者「なぜ、あの采配をされたのですか?(あれはミスだったのではないか)」

監督「私は選手に任せている。コーチから、こうしたい、と話があった」

もちろんテレビ中継なので、編集が入っている可能性もあり、うのみにはできません。

でも、この放送が真実であれば、コーチ、選手はやり切れない思いだったでしょう。「失敗の責任は自分たちにあるのか」「卑怯ではないか」、と。

どんなに、テクニックを覚えようとも、腹がくくれていないリーダーに、メンバーはついてきません。**失敗は100%上司の責任。成功は部下のおかげ。**

これが、「できるリーダー」のデフォルト(初期設定)です。

「失敗の責任は100%、私にある」といった名経営者

昭和の古い話を持ち出すのは、どうかと思いながらも一例を紹介します。有名なエピソードで、管理職は知っておいたほうが絶対にいい、そんな思いから。経営の神様、パナソニックの創業者、松下幸之助さんの腹のくくり方です。「また松下幸之助か……」と思われたかもしれませんが、少しお付き合いください。

それは、熱海会談と呼ばれ、リーダーシップを学ぶ題材として、よく登場する語り継がれる有名な事例です。1964年、熱海のホテルに販売店の経営者を集めたところから、このエピソードは始まります。

多くの販売を委託された各社(販売店)が赤字に瀕していたことに対し、幸之助さんは、もっと経営者に危機感を持ってほしいと考えていたそうです。

しかし、あろうことか、販売店からは、メーカーである松下電器産業側に非があるとの展開に。会談は予定を超えても出口が見えない拮抗状況に突入。

ついに、松下電産側は出席者にこう檄を飛ばしました。

「苦労しているというが、血の小便が出るまで苦労したのでしょうか」と。

それでも、まったく響くことはなく、さらに混迷の状態に。

3日目、いよいよ、満を持して壇上に上がったのは会長の松下幸之助氏。

想定外の言葉に、会場の空気は一変します。

原文ですので、読みにくい点もありますがご容赦ください。[1]

「代理店の皆さんにいろいろ悩みをおかけしているということは、私どもの信念の乏しいとこと、考えの至らんとこで、大部分の原因となって生まれてきていると思うんであります。

人に喜んで、拍手をして売ってもらえるような品物を、また喜んで販売してもらうような販売制度の上にのせまして、そして皆様に活動の喜びとでも申しますか、そういうものを多少とも味わっていただくことにいたしたい。

それができないようであれば、松下電器は今後、仕事を増大する必要はなかろうかと思うんであります。

（声をつまらせ）今日、お集りいただきましたことに対する心からなる……（沈黙）、お礼を申し上げる次第でございます。どうも、ありがとうございました」

それまでの険悪なムードが晴れ、会場は大きな拍手に包まれたのでした。なかなか、できないでしょう。業績の悪いほうに、頭を下げるわけです。悪いのは私どもです、イチから出直します、と。

「みんな、ハンカチで目頭を押さえていた」（当時の社員）

「私も涙ぼろぼろと流してね……生涯忘れられない」（販売店社長）

今なお、人々の記憶に残るエピソードとなっています。

この後、松下氏が営業の陣頭指揮をとり、販売各社も奮起し、一気に再浮上を成し遂げたのでした。

リーダーの真価が問われるのは、逆風の時

実は、そういう私も、管理職をしていましたが、最初のころは「腹をくくる」ことができていませんでした。だから、この話をしたのです。

「失敗したらどうしよう」「景気が悪いから仕方がない」

そんなことを思っていました。それでも、結果は出ていましたし、なんとなく管理職らしいことはやれていました。

でも、リーダーの真価が問われるのは、逆風の時です。

景気の影響をまともに受け、私自身、言い訳ができない状況に追い込まれました。

結果を出さないと、部下、組織を守ることができない窮地に追い込まれたのです。

その時、「ダメなら更迭されてもいい。そのかわり、今、やるべきことをやる。

部下が動いてくれないなら、どんな手を使ってでも動いてもらう」

そんな心境に至り「ああ、これが管理職か」、と思えたものでした。

気づくのが少し遅かったことを悔いたものです。

でも、とてもここまでの心境にはなれない、と思った人もいるでしょう。

いいんです。問題ありません。失敗は100%上司の責任。成功は部下のおかげ、と思うだけでも十分です。

さて、ここからはテクニックの解説にいきましょう。

POINT

失敗は100%上司の責任。
成功は部下のおかげ、と思うようしておこう。

〝マジで言ってます⁉〟と言われる「挑戦」を掲げよう

「予選で1回か2回、勝てればいい」と考える監督のチームか、優勝を目指す監督のチームか、成長したいなら、あなたはどちらを選ぶだろうか？

やさしさが甘さになり、そして悲劇になる

まず、戦えるチームを作る1つ目のテクニックは、「みんなが追いかけたくなる目標」を掲げることです。

でも、一方で、こんな声もあります。

目標を掲げると、疲弊感が生まれる。

なので、ウチの組織では〝目安の提示〟にとどめるのだ、と。

一見すると、やさしいように見えます。

でも、長い目で見ると、部下を不幸にしてしまう可能性すらあります。

部下の成長を妨げ、チームで働く喜びを喪失させる可能性です。

私は、人材業界に身を置くからこそ見えるのですが、そんなケースを嫌になるくらい見てきました。


たとえば、このようなケースです。テレアポを1日に50件もかけるのは酷なので、30件位を目安にしているという職場がありました。

でも、聞くと、ほぼ全員が営業目標は未達成。

計算上、50件かけないと達成できない設計のままに、架電目標を甘くしてしまっているから、当然、そうなってしまいます。

聞くと、その部下の人事考課は、未達成のためマイナスになっているそうでした。

このままでは、離職にもつながる可能性も否めないでしょう。

達成したくなる目標とは

まず、目標をある程度の難易度に設定しないと、部下は本気になれません。

1968年に心理学者ロックが提唱した「目標設定理論」を知るといいでしょう。

本人が達成できると思えるかどうか、「50%の確率」と思える難易度、言ってみれは〝マジですか!?〟と思われるくらいの目標こそ、最も部下の本気度を引き出す、という理論です。

でも、ここで疑問が。

そもそも50%の判断が難しいと思いませんか。

これに、私なりの解説を加えますね。

上司であるあなたが、「こうすれば、達成できる」といったシナリオが見えており、キチンと遂行すれば、7割以上の確率で達成できると思えればOKです。

先ほどのテレアポをしていた職場の問題は、「こうすれば、達成できる」といったシナリオを描いていないままに、ただ目標を甘くしてしまったことだったのです。

やるべきことはいくらでもあったはず。

リストの精査、スクリプトの用意、PDCAの設計をすれば、達成のシナリオを組めたかもしれません。部下の方が気の毒でなりません。

さらに、説明を加えます。

とはいえ、新規事業や外部環境に大きく影響を受ける事業の場合、難易度を考えることすら困難でしょう。

不確定要素の影響を大きく受ける時は、二重目標の設定をおすすめしています。

達成が見込める難易度の低い「公式目標」と、〝マジですか!?〟と思われる難易度の高い「挑戦目標」の2つの目標でマネジメントをするのです。

人事考課は「公式目標」で、日々のマネジメントは「挑戦目標」で行います。そうすることで、挑戦が思った以上に困難だった場合も、部下の人事考課には、それほど影響しないといった算段です。

前職のリクルートでも、事業で大きくストレッチをかける際、この手法は至るところで実施されていましたが、とてもうまくいっていました。

適正な難易度の目標を掲げる。これも、リーダーが知っておきたいテクニックです。

POINT

適切な難易度に設定することが、部下のやる気を引き出す

一人ひとりが主役になる「シェアド・リーダーシップ」

シェアド・リーダーシップがチーム業績に正の影響を及ぼすことが実証されている。でも、どうしたら、一人ひとりがリーダーのように振舞えるのだろうか。

私の〝恥ずかしい成功事例〟

想像してみてください。次のようになると、最高だと思いませんか。
部下から提案がどんどん出てきて、リーダーは「それでいこう」と判断する。するど、部下のほうから「じゃ、私のほうで仕切って動きますね」と勝手にリーダーシップを発揮してくれる……。

戦えるチーム作りの2つ目のテクニックは、PDCAをみんなで回すことで、メンバー同士が、知恵を出しあい、クリアする達成感を味わえるチームを作る方法です。

私はこの方法を知ってから、リーダー（私）が想定する以上のパフォーマンスが出ることを何度も実感してきました。

先に、私の〝恥ずかしい成功事例〟を共有させてください。

その後に、テクニックを整理して、お伝えします。


ある営業組織の課長をしていた時のことです。

私の課では、営業目標を達成させるだけではなく、新たな営業モデルの開発の「任」を受けていました。

たしかに、私なりのアイデアはありました。

でも、リーダーである私１人のアイデアを押し付けるのは、あまりに乱暴です。


まず、全員で泊まり込みの研修を行いました。

いわゆる「P：計画」の骨組みを明確にするためです。
・どんなゴールをイメージするか（ここは、リーダーが決めておくこと）
・マイルストーン（時期ごとの計画）をどうおくか
・「やるべきこと」と「役割」

2日にわたって、侃々諤々と話を重ねました。
それをきっかけに、各々の役割が決まり、さっそく動き始めたのです。
でも、思ったように、スグには結果は出ませんし、もちろん、それも想定の範囲。
だからこそ、**PDCAを回すミーティングを行う**わけです。

・1週間に1回
・うまくいったこと、うまくいかなかったこと
・その要因、さらなる改善策

あたかもゲームの敵を倒す方法を話し合うごとく、ミーティングを欠かさずに行いました。PDCAの「C:検証(チェック)」です。
好業績チームはチェックを継続的に行っているとの研究結果もあります。[2]
我々も、PDCAミーティングを通じて「チェック」を繰り返すことで、レベルアップさせたのです。
すると、ようやく3か月した頃から、兆しが見え始めました。

「30億規模のPRを請け負う企画を受託できるかも。判断をしてほしい」
「人を介さずに、求人広告を自動作成するロボットを開発できる。判断してほしい」
「成果報酬モデルの料金体系を実験したい。判断してほしい」

この取り組みから、新サービスも生まれ、リクルートグループ全体のイノベーショナルな取り組みを評価するアワード（賞）を、部下が2年連続で受賞するといった成果にもつながりました。

白状しますと、私のアイデアでは、とてもそのレベルの提言はムリでした。

あるサービスにいたっては、「これはないな」と上司（私）が却下したものの、部下から「伊庭さんはわかっていない」と再々提案を受け、なかば喧嘩ごしになりながらも、「じゃ、やってみよう」と判断したものもあります。

それが最高の新サービスになったのですから、メンバーが主体性を発揮できる仕掛けが、いかに重要であるかを痛感した出来事でもありました。

変化の激しい時こそ、"みんな"でPDCAを回す(シェアド・リーダーシップの発揮)

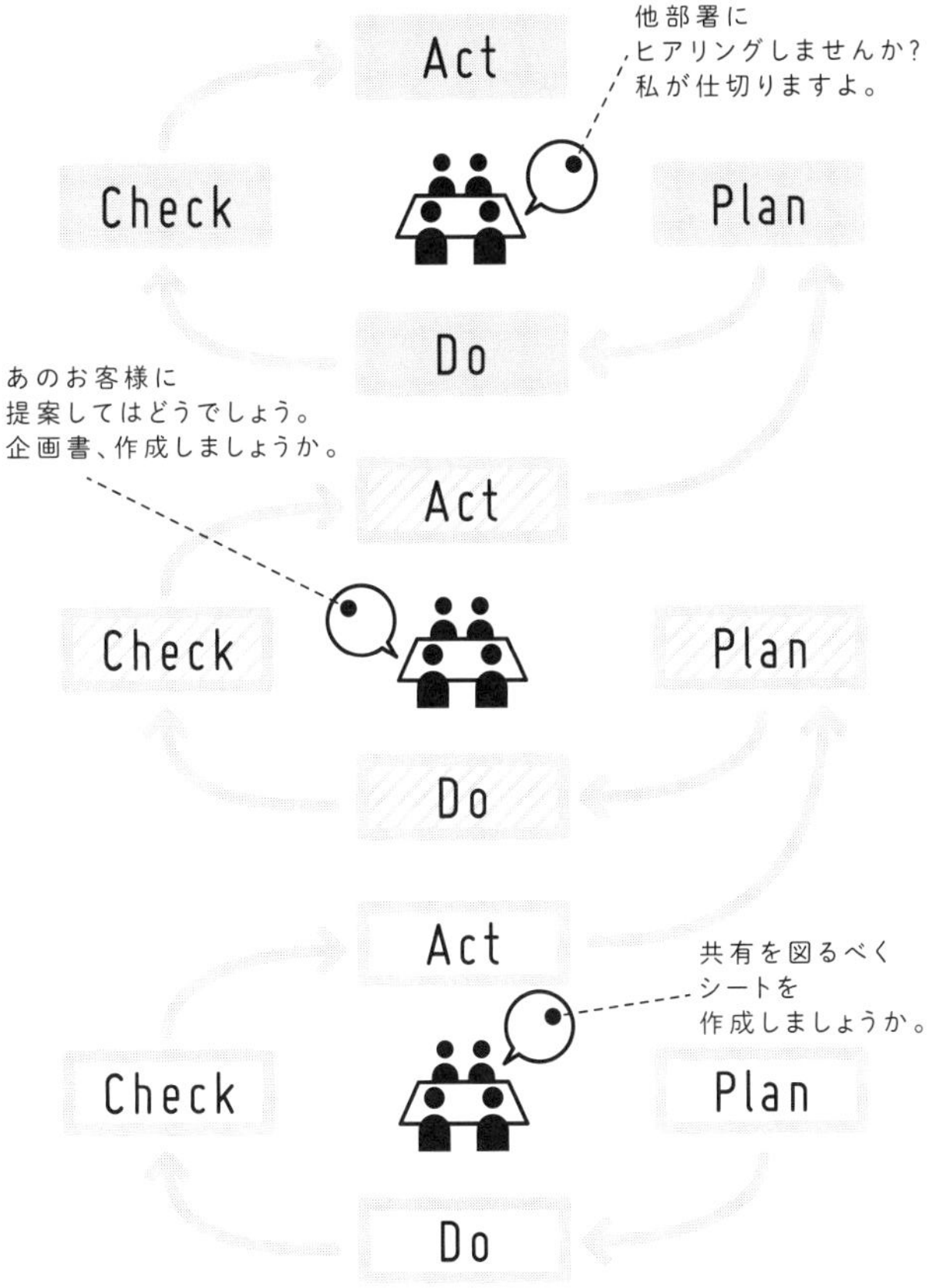

変化の激しい時こそ、シェアド・リーダーシップを

このPDCAをチームで回すプロセスによって、生まれるのが「シェアド・リーダーシップ」です。

注目される考え方の1つで、カリスマ性を持ったひとりのリーダーが組織を牽引するのではなく、メンバー一人ひとりがリーダーシップを発揮する考え方を指します。

シェアド・リーダーシップには、次のような効果があるとされています。[3]

・シェアド・リーダーシップはチーム業績に正の影響を及ぼす。
・シェアド・リーダーシップはタスク不確実性が高いほうが強まる。

事業変化が激しい今こそ、活かしたいノウハウではないでしょうか。

ぜひ、PDCAミーティングで、知恵を出し合う機会を作ってみてください。

POINT

変化の激しい今こそ、シェアド・リーダーシップを発揮させよう。

「ありがとう」を増やすだけで、生産性が3割UP、売上は4割UPに!!

人は、褒められたら、もっとやりたくなるに決まっている。でも、最近の職場はどうだろうか……。

幸福度が高まれば、生産性は向上する

高い目標を追いかけ、やり方を話し合うことの重要さを紹介してきました。

でも、これだけだと、ちょっと息が詰まりそうになりませんか。私はなります。

幸福度を高める仕掛けもセットで考えてみてください。

第三のテクニックは、**上司、同僚、第三者から賞賛される機会をつくることです。**

実は、多くの研究で、幸福度と生産性には正の相関が実証されているのです。

有名なのは、カリフォルニア大学のソニア・リュボミアスキー教授らが行った研究。[4] **幸福感の高い社員の生産性は平均で31%、売り上げは37%、創造性は3倍高い**と

いった結果が導き出されているのです。

でも、だったら、こう思いますよね。

何をすれば幸福度が高くなるのか、と。

教授は著書『幸せがずっと続く12の行動習慣』（金井真弓訳・日本実業出版社）で示唆をくれています。

この中では、12個の幸福を高める習慣が紹介されているのですが、1番目に紹介するのが**「感謝の気持ちを示す」こと**なのです。

確かに、当たり前のことに感謝できる時って、幸せを感じませんか。まさに、それです。

そもそも、「上司、同僚、第三者」から賞賛をもらうというのは、言い換えると、逆に部下、同僚に対して、自らも感謝を発信する行為でもあるわけで、つまり「ありがとう」があふれる職場になっている、ということでもあるのです。

「感謝総量」を増やす仕掛け

とはいえ、自然発生的に感謝が生まれるかというと、そうではありません。

ましてや、リモートワークや時差出勤など、同僚の頑張りが見えにくいとなおさらでしょう。

だからこそ、**上司は「職場の感謝量」を増やす仕掛けをつくる必要がある**のです。

192ページの図をご覧ください。このように、「リーダーから」「同僚から」、営業や販売部門は「お客様から」の感謝をもらえるようにしてみてください。あくまで一例ですが、紹介します。

【リーダーから】

職場でプチ表彰や、メンバーのよい仕事を会議で上司が共有するのも効果的です。

【同僚から】

第2章で紹介した〝ほめほめタイム〟をはじめ、感謝を記したカード(サンクスカード)を渡す方法も有名です。

【お客様から】

お客様の協力が必要ですが、スグにできます。上司がお客様を取材させてもらい「よい評価、やってほしいこと(期待)」を聞き、チームで共有する方法はおすすめです。

「感謝総量」を増やせば、生産性が上がる

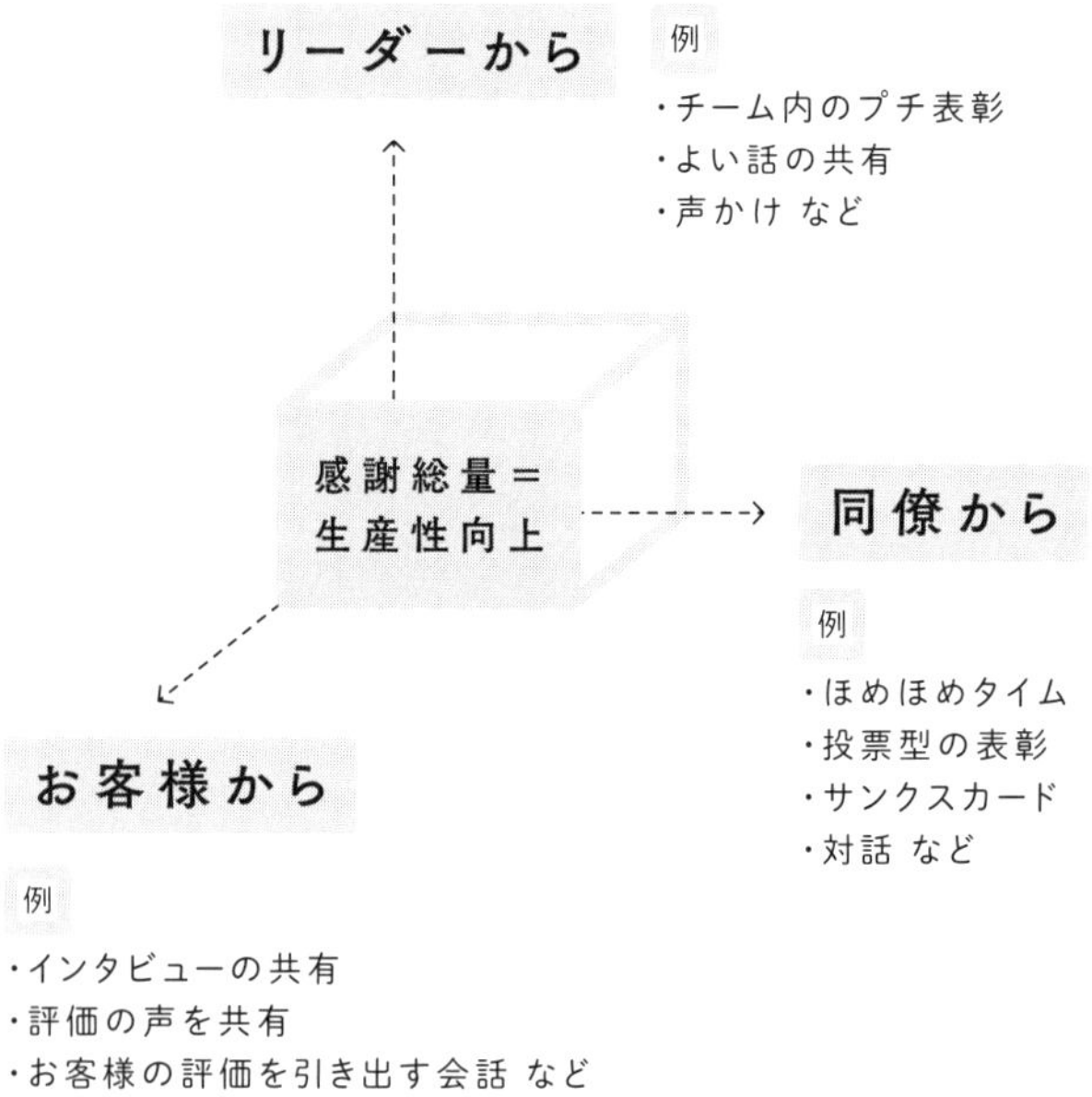

ぜひ、コミュニケーションをとるのが難しい今だからこそ感謝であふれる職場にしてみてください。これだけでも、生産性の高い〝戦えるチーム〟づくりの基礎となることは間違いありません。

POINT

管理職は、「職場の感謝総量」を増やす仕掛けをつくろう!

「ワーママ」にとって働きやすい職場とは

今や、ワーキングマザーの活躍なくして、職場はなりたたない。

でも、どこかで遠慮していないだろうか。大事なのは遠慮ではなく、配慮である。

業務を減らすのではなく、助け合いを

あなたの会社にもワーキングマザー(ワーママ)はいませんか。

今や、**働く母親の割合が7割を超え**(2017年国民生活基礎調査)、今なお右肩上がりの状況です。

でも、こんなことはないですか。ワーママに遠慮をしてしまい、無理をさせてはいけない、と軽い仕事を付与したり、言いたいことを我慢している、ということが。

だとしたら、その遠慮は逆効果かもしれません。

ラーニングエージェンシーの調査研究「女性の働くを科学する」の結果を、知るといいでしょう。

さて、4つ目のテクニックは、「助け合いを奨励する」です。

ワーママがやる気を高めることができ、今後、ワーママをマネジメントする際、役立つこと間違いなしです。

さて、さきほどの「女性の働くを科学する」は、本当に参考になります。ワーママを支える管理職にとって、きわめて重要なことが示唆されているからです。ワーママが管理職に求める重要な要素がこれ。

1位 職場のメンバーの助け合いを評価すること

2位 責任ある仕事を任せること

つまり、ワーキングマザーという理由で、業務を減らし過ぎるのは逆効果というわけです。むしろ、助け合いが行われることで、ワーママも責任のある仕事を遂行できる環境にすることが大事というわけです。

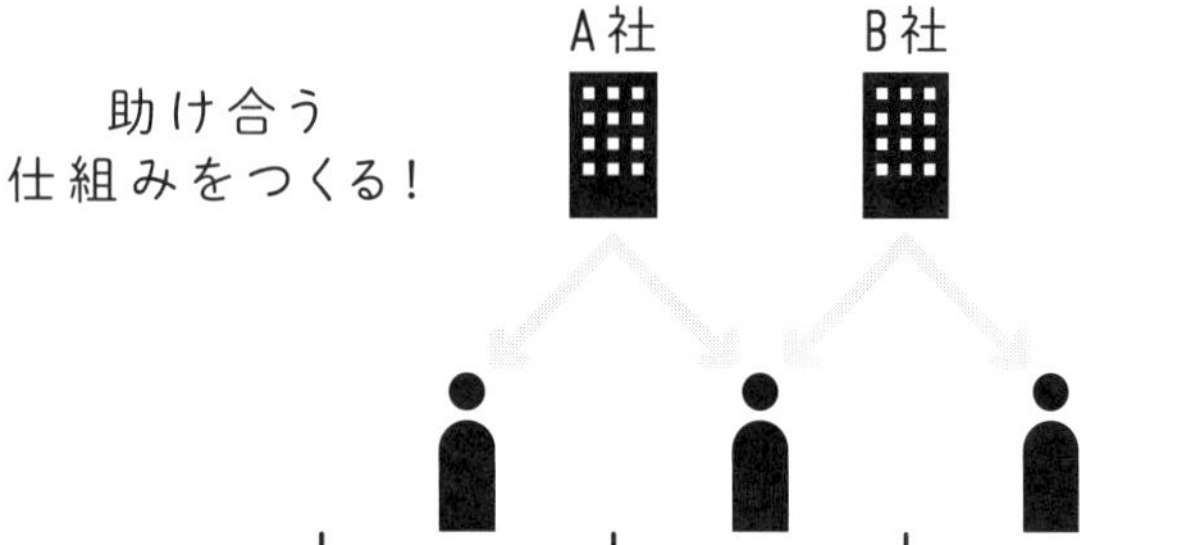

	Hさん	Iさん	Jさん
ある業務…	メイン担当	サブ担当	
ある業務…		メイン担当	サブ担当
ある業務…		サブ担当	メイン担当

頼れる仕組みをつくる

さて、そもそも、「助け合いを奨励する」とはどういうことなのでしょう。

口頭で「もっと、助け合いましょう！」と声高に指示をしても意味はありません。

まずは「仕組み」で担保することが基本となります。

最初にすべきことは、「その人しかできない属人的な仕事」をなくすことです。

その人に休まれたら困る、そんな仕事こそ無くさないといけません。

おすすめの方法は「ペア制」。

1人が休んでも、もう1人が対応できる状態にする、注目の方法です。

図をご覧ください。

「A社」をHさんとIさんで、「B社」をIさんとJさんで、といったようにペアで担当する方法です。

私も管理職の時、この方法をとりました。

白状しますと、失敗をしたことがきっかけです。

1人のベテランが休んだことから、受注後の業務がストップし、営業活動に制限がかかってしまったことがあったのです。戦えない状態とは、まさにこのことでした。

私の采配ミスでしかありません。

ワーママをはじめ、何らかの個別事情に配慮しないといけない時代、万一の状態になっても戦える状態にしておきましょう。

> POINT
>
> もっと頼ろう、と言うのではなく、「頼れる仕組み」をつくっておこう。

「ポリシー」があれば、強くなれる

「俺はいいけどYAZAWAが何て言うかな？」は、ロックスター矢沢永吉の名言。〝ブレない強さ〟は、人としての強さではなく、ポリシーがあるかどうかで決まっている。

「ポリシー」こそが、人と組織を強くする

私は、多くの企業にリーダーシップ研修を提供していて、強い組織のリーダーに共通することを発見しました。

実は、1人の人として強いのではなく、迷ったときの判断のよりどころ、つまり「ポリシー」を持っているため、苦境に陥った時に、ブレない判断ができるということでした。

「戦うチーム」をつくる5つ目のテクニックは、チームのよりどころとなるポリシーを決めることです。

ちょっとわかりにくいですよね。

例えば、成長企業「ニトリ」の創業者、似鳥昭雄会長は、とても参考になります。今や、一代で約800店(2022年)にまで成長した会長でありながら、著書を読むと、「もともとはいじめられっ子」、とまで書かれています。

また、創業当初は、接客が苦手だったことから苦労もされたそうです。

しかし、「チェーンストア理論」を自らのポリシー(方針)とされたところから、状況は一変。

一気に大躍進された姿は我々の知るところでしょう。また、『ニトリの働き方』(大和書房)の中では従業員の皆さんもチェーンストア理論をよりどころにされていることがうかがえます。

これは、経営者だけではありません。現場の管理職も同じ。

私が取材をさせていただいた、大躍進を遂げる結婚式場の支配人もそうでした。「常に心を配る」「1人でやらずチームでやる」といったポリシーを掲げられ、完全に職場に浸透していました。

例えば、目標が達成した時、会議室で、ちょっとした慰労会をされるそうです。

「早番の人」と「遅番の人」は別々で会を開くそうなのですが、早番の人が遅番の人にピザやお菓子を残しておいてあげた時、こんな一幕があったそうです。

テーブルの上に置かれたピザとお菓子を見て、支配人が一言、こう言ったのです。

「我々のポリシーで考えると、この盛り付けでいいの？」と。

すると、**何も言わずとも、メンバーの全員がスグに理解し、あっという間によりきれいに盛り付けをし直し、さらに手紙まで添えた**といいます。

一事が万事。この姿勢がお客様へのサービスにも反映されているのでしょう。

この結婚式場は、少子高齢化の中にあって、飛躍的に挙式数を伸ばしています。

強いカリスマ性に強さを担保せずとも、組織のポリシーに強さを担保させる、これこそが、リーダーが覚えておきたいセオリーだと私は考えています。

強い「チームポリシー」の作り方

では、さっそくポリシーの作り方を紹介しましょう。

私が研修で行っている方法です。

まず、最初はチームのキーマン(みなさんと数名)で骨子を考えます。会社の経営理念や、ビジョン、行動指針を確認することからスタートします。でないと、個別最適なポリシーになってしまうからです。

次に、「だとしたら、チームの単位では何を約束とするか」を考えます。

まず、最初はお客様に向けて、次は従業員としてのポリシーを考えるといいでしょう。

「常にお客様の声にならない声を把握する」「お客様の心の痛みに寄り添う」といったお客さまへのポリシーを決め、「前向きな失敗を歓迎する」「1人よりチームで取り組む」など従業員としてのポリシーなどを研修では考えます。

キーマンでの話し合いが終われば、後日チームメンバー全員で考えます。

これらのポリシーに基づいた、**「仕事のシーン」でとるべき行動を考えるのです。**

「常にお客様の声にならない声を把握する」に対しては、「最低、1か月に1回は、ヒアリングの機会をいただくこと」「問題がなくとも、こんなお困りごとはないですか、と仮説を投げかけること」といった具体的な〝あるべき行動〟を考えます。

もちろん、作るだけでは絵にかいた餅。

大事なことは、PDCAの「C：検証（チェック）」でしたよね。

定例ミーティングで、良かった行動、反省すべき行動を発表してもらいましょう。

この流れだと、みんなで「戦える」イメージを持てませんか。

手間はかかりますが、強いチームを作る必要な投資だと思って、トライされることを強くおすすめします。

私もポリシーに助けられた1人

私も営業組織の管理職時代にポリシーをつくったことで救われた1人です。

実は、あまりの忙しさにメンバーが疲弊していた時期がありました。

組織も一気に大きくなり、1年半で60人から180人に増えており、いろいろな〝ほころび〟が見え始めていた時のことです。

「会社は成長しても、私たちの幸せは反比例」とまで言う人もいました。

そこで、行ったのが、ポリシーを決めることでした。

カリスマ性では牽引できないと悟っていたので、この選択をせざるを得ません。

まず、キーマン20人で1泊2日の研修で、ポリシーを決めました。

次に1日かけて180人に分科会方式で「あるべき行動」を考えてもらい、発表をしてもらいました。

その間は、営業活動がストップしましたが、その価値は大いにありました。

そこから、お客様へのサービス向上の自発的なプロジェクトが生まれるなど、明らかな変化が生まれたからです。

もし、あなたの組織も同じような課題があるなら、ぜひやってみることをおすすめします。

POINT

どんな局面でも、判断がブレないために、チームポリシーを決めておこう。

「誰が何をしているのか、わからない」を撲滅せよ

リモートワークでは、他の人の動きは見えない。
これは、リモートワークのせいではなく、上司の問題と考えるべき。

最上位のチームが大事にすることとは

今や、リモートワークや時差出勤が当たり前の時代になりました。

理屈で考えると、とても効率的なシステムだと言えます。

しかし、ほとんどの企業で新たな悩みが勃発しています。

他の人が何をしているのかわからないため、チームワークを取りにくくなっているということです。

6つ目のテクニックは、「他の人の情報を共有できる」場を作ることです。

『チームワーキング　ケースとデータで学ぶ「最強チーム」のつくり方』[2]という本に興味深い調査結果が紹介されています。

再下位のチームでは、大事なことは「よい人間関係を保つこと」と言い、最上位のチームが大事にするのは、「情報共有を密にすること」と言う、と。

ここには、きわめて重要な示唆が含まれています。

よい人間関係を保とうとすると、言いにくいこと、迷惑になりそうなことを避ければ担保できますので、あえて浅く付き合えばいいわけです。

でも、仕事では、そんなことは言っていられません。**常に問題は流動的に勃発しているわけで、そこで大事になるのは、お互いの情報を知り、必要とあれば、手伝いを申し出たり、違う角度から疑問を投げかけたりして対峙していくこと**であるはずです。

だから、まず、情報共有が希薄になりがちな時だからこそ、「他の人の情報を共有できる」場を作る必要があるのです。

もはや、「リモート」か「出勤」かの議論は時代遅れ

今なお、「リモート」か「出勤」かがテーマになっていますが、もう決着は見えています。比率はどうであれ、ハイブリッドでいくしかないのです。

だとしたら、**ハイブリッドの使い分けを知っておくことが管理職の新たなスキル**に

「他の人が何をしている」のか、知らないを予防する

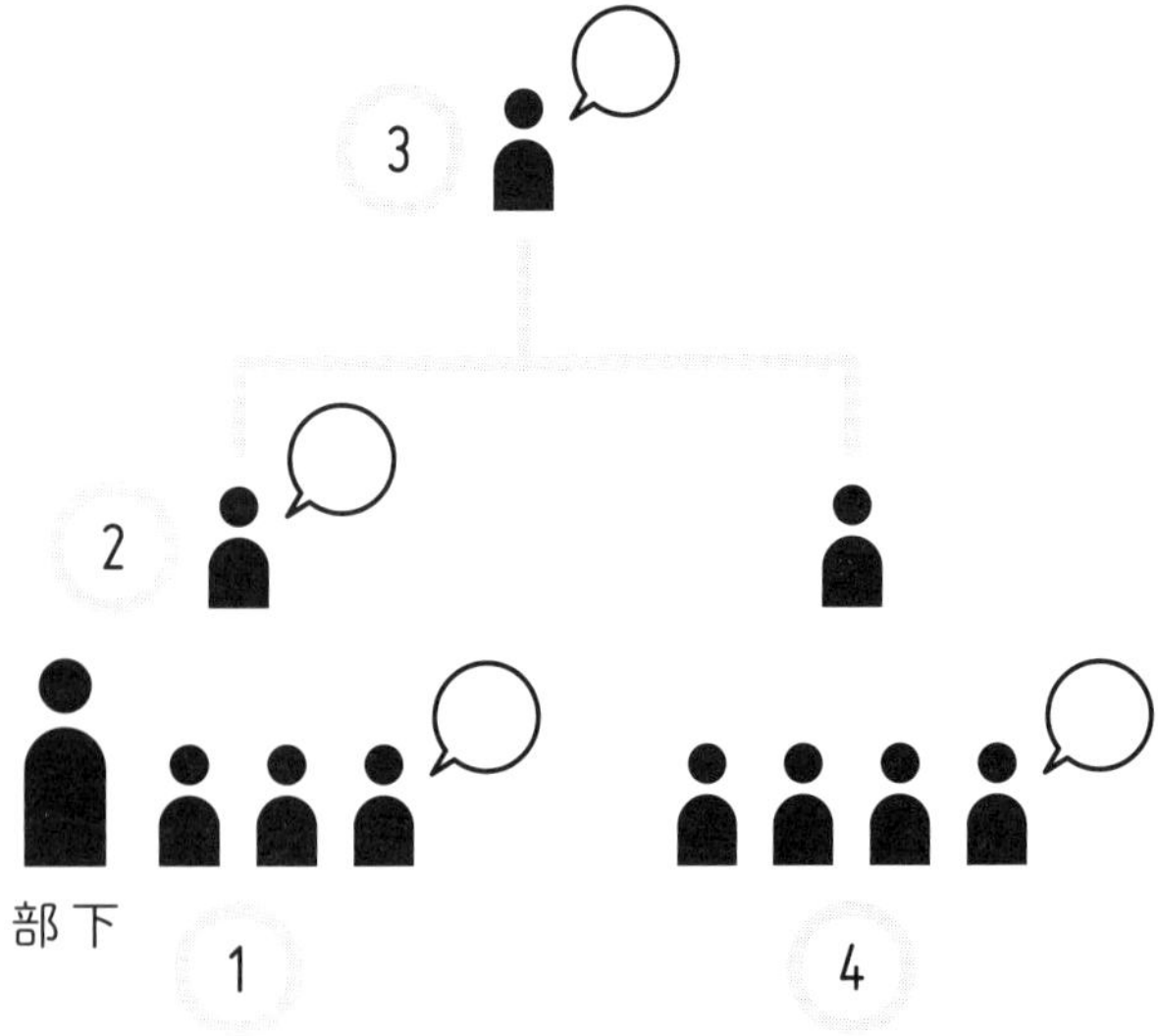

1 〜 4 の情報が耳に入るようにしておく

1 チームの同僚の状況

2 直属上司の考え

3 上司の上司である部門長の声

4 ほかのチームでの出来事

もなってきているというわけです。

情報共有も一緒。

情報の種類を4つに分けておくといいでしょう。

図をご覧ください。

入手すべき情報は、まず、この①~④が基本です。

③（上司の上司）と④（他のチーム）の情報共有はリモートで充分です。

定期ミーティングで、直属の上司（②）が伝えれば問題ありません。

もし、できていないようなら、スグに実践することをおすすめします。

オープンブックマネジメントと呼ばれる手法で、全体の情報を開示することは、部下が「組織の一翼を担う一員」であることを自覚できる効果があります。

一方で、①（同僚）と②（直属上司）におけるコミュニケーションは、使い分けが必要です。

「情報共有」であればリモートで充分ですが、「アイデアを出し合う」「業務以外の状況を知る（雑談）」「言いにくいことを言う」「励ましの機会を持つ」といった、双方向の会話に質が担保されるものは、出勤時に行うといったように決めるといいでしょう。

少なくとも、「誰が何をしているのか、わからない」は、確実に予防しておきましょう。

POINT

ハイブリッドで「誰が何をしているのか、わからない」を予防しておこう

1 テレビ東京「みのもんたの〝美しい国〟ニッポンを救え！」（2006年）
2『チームワーキング ケースとデータで学ぶ「最強チーム」のつくり方』（中原淳、田中聡・日本能率協会マネジメントセンター）
3 石川淳（2007年）「企業内研究者の創造的成果を促進するリーダーシップの探究」『日本労務学会誌』第9巻第2号、21〜35ページ
4「DIAMOND ハーバード・ビジネス・レビュー2012年5月号」

第6章

信頼されるリーダーは、どう「決断」しているのか？

決断力は、「勇気の有無」ではない

いい加減な判断だけはしたくない。でも、優柔不断だと思われたくもない。しかし、即断できるリーダーもいる。一体、違いはどこにあるのだろうか。

部下に迷惑をかけてしまった、恥ずかしい話

管理職は絶えず決断が求められます。

人材サービス会社ランスタッドが、2018年に「理想の上司」を全国のビジネスパーソン1800人に調査したところ、2位に「決断力（45・1%）」がランクインする等、常に上司には決断が求められていることがわかりました（1位は「人として尊敬できる」）。

でも、なかなか、そう簡単にスパッと決められない、ということはないでしょうか。

研修を通じて、多くのリーダーと接する中で、正解のない決断を求められることは、内向型リーダーにとって、大きなストレスになっていることを確信しました。

そんな時、「スグに決められないのはみっともない」「でもスグには判断できない」と、余計なことが、頭をグルグルと回り始めたりもする声も多く聞きました。

だからこそ、この章では、決断力を高めるための具体的テクニックを紹介します。

でも、その前に大事なことをお伝えさせてください。

決断力は、「勇気の有無」ではない、という話です。

誰もが遭遇する状況だと思い、私の失敗談で、そのことをお伝えしましょう。

ある組織に、管理職として着任したばかりのことでした。

事務方から「すべてのお客様に事務所移転のお知らせを送ってよいか」と相談がきたのです。

聞くと、他の部門は送る決定をしているので、スグに決めてほしいとのこと。

後から考えると、着任したばかりだったので、いいところを見せたい、という気持ちも働いたのだと思います。スグに「OK」を出しました。

これが、大きな問題を引き起こします。

リストの中に、送ってはいけない会社があったのです。それが、なんと最大の取引先。営業担当は「DMは送るな」と何度か言われていたそうなのです。

引っ越しの知らせを受け取ったお客様はご立腹。

「担当営業ではなく上長を出せ」とのことに。

ところが、恥ずかしながら、その上長である私が犯人だったわけです。

ゴールデンウイーク返上で、無罪である担当する部下とともに、何度も足を運んでお詫びに行くはめになってしまいました。

管理職に求められる「決断」の要件

後で考えると、別に「スグ」に決断しなくても問題はなかったはずです。

なんでもかんでも、スグに決断すればよいというものではありません。

とはいえ、決断の先延ばしをしてしまうと、信頼を失ってしまうでしょう。

管理職に求められる決断にはプロセスがあります。

プロセスを整理すると、こうです。

・まず、何でもかんでも、問題にしてはいけない。
最初にすべきは、決断すべき事柄かを判断する（解決しなくていいこともある）。
・決断すべきことだとしたら、自分なりの判断基準を先に決める（周囲の雰囲気や声の大きい人の意見に流されてはいけない）。

・その上で、複数案を考え、評価をする（思い付きではダメ）。

・同時に、その決断がうまくいかなかった際のリスクも想定し、問題がないかを判断（リスクの大きさと予防策をイメージしておく）。

このようなプロセスを知っているからこそ決められるのです。

コロンビア大学の心理学者シーナ・アイエンガー氏の研究によると、あるＣＥＯは１週間のうちに１３９個の仕事に関わり、それに伴う決断のうち、なんと50％は９分以内に決めていたというのです。

決断とは、「勇気」ではなく「プロセス」。だから、これが可能となるわけです。

この章では、そんなリーダーが知るべき「プロセス」を紹介していきます。

POINT

決断とは、「勇気」ではなく「プロセス」である

私が10億の売上を断った判断（意思決定マトリクス）

格好いいことを言っていても、目の前にオイシイ話があれば、そりゃ迷う。
それでも、一貫性のない決断は、組織を運営する以上やらないほうがいい。

迷いを断つテクニック

さて、さっそく決断力を高めるテクニックを紹介しましょう。
「意思決定マトリクス」です。

この方法は、私も常に使っている方法で、もはや紙に書かずとも、暗算のように頭の中に入っていますので、即断を求められた時も、思いつきで決断をしなくてすむようになっています。研修でも紹介しますが、判断力が劇的に向上します。

決断に迷う人に本当におすすめの方法です。

まず、今すぐ決断をしないといけない問題に遭遇したとしましょう。

その時、やるべきことは3つです。

① まず、最初に判断基準を定める。
② 対策の選択肢をいくつか挙げる。
③ ○×で選択肢を評価する。

これだけです。

意思決定マトリクスという手法で、これが使えるようになると、決断力が飛躍的に向上します。

では、その事例と解説にまいりましょう。

判断が難しい時こそ意思決定マトリクスを

1つ目の事例。「意思決定マトリクスは、こんなことでも使える」という観点から、あえて簡単な日常のシーンから解説します。

思い出すと、2020~2021年、コロナ禍では緊急事態宣言が発出され、かねて計画の旅行やイベントを中止するか迷った人もいたのではないでしょうか。

判断に迷う時こそ、
意思決定マトリクス

インフルエンザが
流行しているので、
気をつけないと。

受託した大きな
プロジェクトも
あるしな。

○ -------- 2点
△ -------- 1点
× -------- 0点

	売上影響 ・思い出づくり	供給リスク ・体調 ・お客様への迷惑	ガバナンス ・キャンセル ・感染による売上遺失	合計
旅行に行く	○	×	×（感染による売上遺失）	2
旅行を中止	×	○	△（キャンセル）	3

整理がついた。
今回は残念だけど
中止しよう。

他の人は関係ない。
これが自分の判断だ。

実は、私は楽しみにしていた沖縄旅行の中止をキャンセル料を支払って決定した1人です。これも意思決定マトリクスで決めました。

図をご覧ください。この図は、時節の影響を受けず、どのようなシーンでも使えることを想定し、「ウイルスの流行」に置き換え考えたマトリクスです。

評価基準は、人それぞれ。私は研修講師ですので、その仕事の特性で考えました。

私の状況で評価基準を定め、評価をします。

すると、**感情に反して、合理的に判断すると、中止の決定**となるわけです。

でも、どこかで、「そもそも感染の確率は低いかも……」と思いたくもなりましたが、誘惑を覆すほどに意思決定マトリクスは合理的な判断を示してくれたわけです。

これが意思決定マトリクスのパワーです。

目の前の10億を断った判断

さて、次は、実際の管理職としての判断です。

私が営業課長をしていた時のこと。

部下から、10億円規模の販促企画を受託できるので、至急、判断をしてほしいと相談が来ました。聞くと、お客様が急を要しているとのこと。

当時の課の売上を考えるとインパクトは大きく、目先の売上のことを考えると、オイシイ話でした。

でも、内容を精査すると、本業以外での売上が9割を占めることになり、この部下の個人的なスキルがあるからこそ、つかんだチャンスでもあったのです。

この規模になると、役員にも相談をすることになるのですが、「いや〜、どうしたらいいですか？」と、手ぶらで相談するわけにはいきません。

ここでも意思決定マトリクスが登場しました

評価基準に入れたのは、「売上影響」「安定提供」「ガバナンス（事業統制）」。

もし、部下が異動、退職をしたら「安定提供」が×または△に。

本業を考えると、そもそも「ガバナンス」が×。新たな組織をつくり、適任人材の採用が必要になります。なので、総合判断は「×」というわけです。

役員とも相談した結果、受託しない方向で決定。

でも「もったいない」と思いませんか。もちろん、私も思いました。

確かに、起業して間もないベンチャーなら判断は、異なっていたでしょう。

それは、「判断軸」が違うから、そうなります。

でも、複数事業を抱えており、従業員が数万人いる会社での判断でしたので、この

前例のない判断も、意思決定マトリクスでクリアに

10億円のチャンス到来
でも、リスクもあるしな。

○ -------- 2点
△ -------- 1点
× -------- 0点

	売上影響 ・10億円がスポットで入る	供給リスク ・人に担保しない ・ノウハウがある	ガバナンス ・実績インパクト ・事業ドメイン ・組織への影響	合計
受託しない	×	○	○	4
受託する(内製で受ける)	○	×	×	2
受託する(外注に出す)	△(仲介になる)	△(ディレクションは必要)	×	2

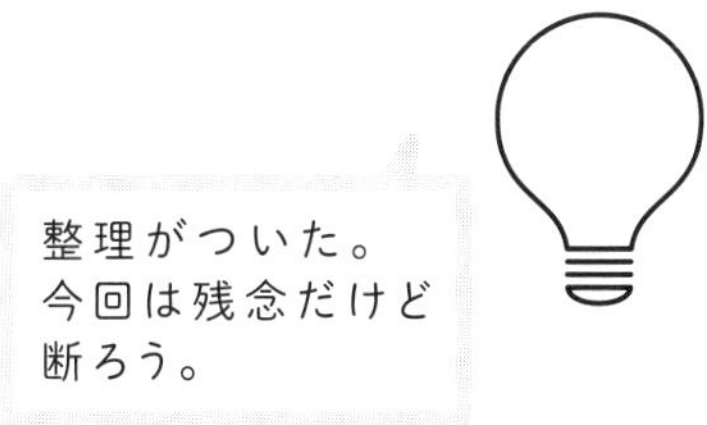
整理がついた。
今回は残念だけど
断ろう。

判断軸で、この判断になりました。

その後、この部下は、本業で新事業の開発に従事することになり、10億を超える、より多くの収益を事業にもたらす結果となりました。

これが、意思決定マトリクスの力です。

POINT

勇気は不要。迷った時は、意思決定マトリクスの力を借りよう

リスクを想定すればスッキリする

本当にこの決断でいいのだろうか……。もっと良い選択肢はないだろうか……。不安がグルグルと巡った時こそ、やるべきことがある。

「FOBO」の罠にはまっていないか

さて、意思決定マトリクスでも決断に悩むとしたら、もしかしたら「FOBO」の罠にはまっている可能性があります。

FOBOとは「Fear of better options」の略。アメリカのベンチャーキャピタリスト、パトリック・マクギニスが提唱した概念で、「他にさらに良い選択肢があるのではないかという不安」を指します。

FOBOの罠にはまっている時は、同じようなことを何度も考え、出口が見えなくなるもの。そんな時は、こう考えるといいでしょう。

今の状況においては「思考の臨界点」に達していると。

これ以上、検討しても決定の質は上がらないし、むしろ先延ばしになるだけ、と。

そんな時は**「リスクマネジメント」すればいい、と決断することをおすすめします。**


このリスクマネジメントを知ると、ほとんどの管理職、いやビジネスパーソンが抱く無用な不安や、先延ばしによるモヤモヤは解消できるでしょう。

では、さっそく、このリスクマネジメントの技法を紹介しましょう。

正しいリスクマネジメント

リアリティをもっていただくため、部下の力を借りながら、オンラインミーティングでファシリテーションをするイメージでやってみましょう。

◎オンラインでファシリテーション

上司　「意思決定マトリクスで、『Webセミナー(ウェビナー)』で新規開拓をすることに決定したけど、想定されるリスクをマネジメントしておきましょう。では、画面共有で記入しますね」

リスクに対する「予防策」「事後対処」を決めておく

想定されるリスクをあげる

発生確率、影響度を考え、対策を行う対象を決める

予防策と、そうなった際の事後対処策を決める

想定されるリスク	発生確率	影響度	対策を行う対象	予防策	事後対処
お客様にオンライン環境がない	1	2		ー	ー
本気で聞いてもらえない(無料なので)	2	3	★	事前に質問を受けておく	対話方式で進行(当てる)
集客力不足の発生(コンテンツ)	3	3	★	2部構成に、1部に著名なゲストを招聘	ー
営業の案内不足が発生	1	3		ー	ー
その後のフォロー営業がおろそかに	1	3		ー	ー
その後、商談になったとしても契約に至らない	2	3		ー	ー

（画面共有でエクセルを立ち上げ、フォーマットを作成）…図

上司「では、想定されるリスクを自由にあげてもらっていいですか？」

部下1「お客様に、オンラインの環境がないことが想定されます」

部下2「無料なので、本気で聞いて下さるかが不安です」

上司「では、発生確率と成否への影響度で評価をし、重要なものは『予防策』と、起こってしまった際の『事後対処策』を決めておきましょう」

といった流れで、画面共有をしたエクセルに記入をし、予防策と事後対処策を決めておけば、モヤモヤとした不安は消えるはずです。

意思決定マトリクスもそうですが、このリスクマネジメント策を考える際も、上司が1人で考えるより、部下を巻き込みながら実施したほうが、検証の精度は上がりますし、決定に対する納得感も担保できますので、おすすめです。

ぜひ、トライしてみてください。

POINT

それでも不安がある時は、リスクをマネジメントしておこう。

「失敗が怖い」と思った時の心得

「(自分は)株で損をすることはない」というのは、日本電産の永守重信氏。[1]
「失敗から学び、投資のポリシーを築く」が氏のポリシーでもある。

「失敗は成功の母」は本当か

「失敗は成功の母」「成功するまでやり続けたら失敗なんてない」
なるほど、と思う一方で、どこかマッチョな精神論過ぎて、理解が難しいといった感覚はないでしょうか。

でも、次の「ロケットの打ち上げ」の話を聞くと、失敗への見方が変わるでしょう。

今から、お伝えするのは、**「小さな失敗は、早めにしておいたほうがいい」という話。**

2010年、アメリカのピーター・マドセン氏とヴィニット・デサイ氏が、発表した論文には、このようなことが書かれていました。[2]

「宇宙軌道衛星ロケットで、打ち上げに成功したグループと、失敗したグループのその後の打ち上げ失敗確率の結果を分析したところ、失敗をしたグループのほうが、次回の成績が良かった」

つまり、**失敗をしたほうが、次の成功確率が高い、ということなのです。**

でも、「なぜ?」と思いますよね。

その鍵となるのが「サーチ行動」にあると言われています。

どうやら、その「サーチ行動」とやらがあれば、成功確率が高くなるというのですから、それを知らないと、前に進めなそうです。

「なぜを5回繰り返す」と見える景色

では、サーチ行動とは何か。

簡単に言うと、再度、失敗しないように要因を把握し、改善するということ。

どこかで聞いたような考え方ではないですか。

そうです。PDCAの「C(検証)」が大事と、先ほど紹介しました。

でも、ここでは、私が研修で紹介するテクニックを紹介しましょう。

「なぜ」「なぜ」「なぜ」「なぜ」「なぜ」と5回、繰り返して探求してみてください。

これは、トヨタ自動車が原因究明の際に行うノウハウとして有名なテクニックですが、あらゆるシーンで応用ができます。

私が提供する「ロジカルシンキング研修」「フォロワーシップ研修」でもこの「なぜ・なぜ」はトレーニングしますが、やっていない人も多く、「ここまで考えるのか」と感動に似た感覚を覚えられる人も少なくありません。

私は、**失敗したくないリーダーにとって、相性の良さ**も感じています。

先ほどの、「Webセミナー(ウェビナー)」で集客を行い、そこから商談を獲得する手法を実験したシーンの続きで考えてみましょう。

もし、うまくいかなかったとしましょう、参加者から商談に至った率が、想定の半分しかなかったとします。

ここで、「やはりウェビナーはダメだ」、と判断するのは早計です。

まず、「サーチ」をします。

「なぜ？」↓商談に至らなかったのは、「今は、まだ、いらない」と言われたから。

「なぜ？」↓そうなったのは、セミナーでニーズ喚起をできなかったから。

「なぜ？」↓できなかったのは、理解されるものの、予算化されていなかったから。

「なぜ？」↓予算化が難しかったのは、思った以上に追加で予算化することが困難だったから。

「なぜ？」↓困難だったのは、予算を増やす決裁権がなかったから。


ここまで掘り下げると、「やはりウェビナーはダメだ」と単純にはなりません。「対象者を変えるのか」「時期を変えるのか」、など対策の選択肢はいくつか出てきます。どうでしょう。次は成功の確率が高まったと思いませんか。

「失敗は成功の母」とは、このサーチ行動があってのことなのです。

ぜひ、何かを決断しないといけない時、うまくいかなくても、「サーチ行動」をとればいいと考えることがおすすめです。

POINT

ダメージの小さい失敗は、成功への「投資」と考えて間違いない

それでも、完璧主義を捨てられないあなたに

完全主義の綴りは麻痺状態である。(Perfection spells paralysis.)
（イギリスの元首相　ウィンストン・チャーチル）

「心の癖」に気づく

さて、仕事の進め方としてのテクニックは、ここまでで十分だと、私は考えています。

とはいえ、せっかくですので、ディープなテクニックも紹介しますね。

完璧主義を直す方法を知りたくありませんか？

もし、「失敗したくない」「未熟な自分を見せたくない」「部下に迷惑をかけたくない」、いろいろと考えてしまうなら、完璧主義の可能性があります。

完璧主義は、決断力の妨げになりますので、直しておくことをおすすめします。

まず、あなたが「完璧主義」かどうかをチェックしてみましょう。
私が連載するライフハッカーで紹介した設問です。ぜひ、やってみてください。

◎完璧思考度チェック

Q1、1つのミスもしたくないと思い、気疲れをすることがある。
Q2、ミスをしないよう、念には念を入れてしまうほうだ。
Q3、人に対しても、気を遣うほうだ。
Q4、ミスを恐れ、石橋を叩きすぎる傾向がある。
Q5、自分のことだけではなく、周囲に問題がないか気になる。
Q6、つい、気になってしまい、スグに確認を入れたくなる。
Q7、いちいち確認をしないと気が済まない時がある。

いかがでしたか。
7問中、○が4つ以上あるなら、完璧思考と思っておいたほうがいいでしょう。
では、ここから、矯正方法を紹介します。

完璧主義の原因を知る

まず、その「完璧主義」はどこで発生しているのかを知る必要があります。

先に答えを言います。**「評価」の仕方に癖があるから、そうなります。**

では、その解説をしましょう。

議論を重ねた結果、あなたはある決断をしたとします。

でも、その決断に対し、ある人がこう言ったとしましょう。

「この判断は、部下の業務を増やすことになり、時代と逆行していると思う」と。

でも、ここで、あなたはこう思います。

「なんとか、この人にもわかってもらわないと。

だって、全員が納得しないとよくないよな。気分のいいことではないし。」

しかし、会話を重ねても平行線。その部下は納得をしません。

ほかの部下は、すでに納得しています。

でも、あなたは、その1人の反対が気になって仕方ありません。

もっと、議論を重ねたほうがよかったのだろうか、とあなたは悩みます。


さて、このケースで解説しますね。

この全員が納得しないといけない、と考えてしまうのが「評価」の癖。

完璧主義の人は、「全員がこうでないと」「すべてに対応できないと」と、完璧であろうとします。

でも、合理的に考えてみてください。

このケースもそうですが、ほとんどのことにおいて、別に全員が賛成しなくても、また、すべてのことに対応できなくても、それほど結果には影響しないもののはず。


でも、気になって仕方がない、というなら、それが「評価」の癖です。

セルフトーク法を味方につける。

私が提供するストレスコーピング（ストレス対処法）研修で紹介する、「評価の癖」を矯正するテクニックを紹介します。「セルフトーク法」です。

セルフトークとは、認知行動療法で用いる手法の1つで、うつ症状の治療にも用いられる、心の癖を矯正する心理手法です。[3]

そもそもセルフトークとは、心の中で呟く独り言のことを指し、人は1日に6万回も心で呟いていると言われています。このマイナスのセルフトークを整えるべく、心の癖を矯正するのが「セルフトーク法」なのです。

方法は次のようなイメージです。完璧主義のマイナスのセルフトークをつぶやいている自分に気づいたその瞬間に、逆説的なセルフトーク（ツッコミ）を呟くことで、「考え方の癖」に陥らないようにする方法です。いってみれば、一人ツッコミです。

◎**【完璧思考のセルフトーク】**　**【セルフツッコミのセルフトーク】**

・「全員が賛成しないといけない」↓「いや、7割が賛成なら、成功は可能」

・「すべてに対応しないといけない」↓「いや、1人の反対はイレギュラー値」

・「失敗するわけにはいかない」↓「いや、失敗は成功への投資だ」

このように、対抗トークを呟く方法がセルフトーク法です。

完璧を追求しすぎて決断ができないのは、管理職にとって、マイナスの要因となることは間違いありません。

そうならないためにも、もし完璧を目指し、決断できないといったジレンマに陥りそうな時は、ぜひ「セルフトーク法」で、心の癖を正してみてください。

POINT

セルフトーク法で、「完璧主義」を直しておこう

決断する回数を減らし、パワーを温存する

「何を食べるか、何を着るかなどのたとえ小さな決断でも、繰り返し行っているとエネルギーを消費してしまう」（フェイスブック共同創業者　マーク・ザッカーバーグ）

「いちいち、聞くなよ」と思うあなたへ

決断の質を落とさない法則を紹介しましょう。

「決断疲れ」という言葉を聞いたことないでしょうか。

実は、1日の決断回数を減らすことも、決断力を高める有効な手段なのです。

フロリダ州立大学の社会心理学教授であるロイ・バウマイスター氏の学説は有名です。キーワードは、「ウィルパワー（意志の力）」。

人は何かを決断する際、この「ウィルパワー」を燃料のように使っており、意思決定をするほどに、このウィルパワーを消耗していくという学説です。

つまり、**朝にはウィルパワーは、ガソリン満タンのように「100％」の充填がで**

きていたとしても、決断を繰り返すほどに、ウィルパワーが消耗し、次第に決断の質が落ちていくという考え方です。

心理学者のジョナサン・レバーブ氏とシャイ・ダンジガー氏の「刑務所の判事における決断疲れ」についての調査は有名です。午前中から午後、夕方になるにつれ「衝動的な決断」「決断の先送り」が増えるそうです。

もし、しょっちゅう質問する部下に対し、「いちいち聞くなよ」、と思うことがあれば、ひょっとしたら、朝の清々しい時間ではなく、午後、もしくは夕方ではないでしょうか。もし、そう思ったなら「決断疲れ」を起こしている可能性があります。

「決断疲れ」は2011年、ニューヨーク・タイムズの記事で紹介された言葉ですが、決断力を論じる際に、洋服を選ぶことすら、決断の浪費であるといったことを引きあいに、よく用いられる概念になってきています。

決断の回数を減らす方法

決断の回数を減らす方法を紹介しましょう。

ルールを設け、部下が独自で判断できるようにしておく方法はおすすめです。

言ってみれば、運営の「自働化」です。

私がやって、ずいぶんとラクになった方法を紹介しましょう。

◎ミスやクレーム(補填)へのジャッジをなくす

原稿ミス、納品ミスなどで迷惑をかけた場合、こちらの瑕疵によるものであれば主任の判断で、私に相談なくとも、25%までは補填をしてもよい(事後報告でOK)など。

◎値引きのジャッジ回数をなくす

大型取引、新規口座開拓のチャンスがあろうとも、単発の値引きはNG。会社として用意している回数契約のお値引きを提示。それでも、話がまとまらない際は、主任が話をしに行く。

◎有給休暇取得のジャッジをなくす

有給休暇を自由にとってもらいたい思いから、いちいち相談しなくても、関係者に共有をし、問題なければ報告をしてもらうことでOKとする。

これらは、私の一例。

あなたは、あなたへの相談が多い事案で、かつリスクがないものを対象に、ルールを設定するといいでしょう。

まずは、それだけでも、決断疲れをなくすことはできるでしょう。

1つだけ注意を。緩くしていけないことは、許可制にしておくこと。

私の場合、決められた時間を超えた残業、休日出勤はあえて許可制にしていました。

リスクマネジメントを緩めてはいけないからです。

かえって、その後、余計な問題が増えてしまいかねません。

POINT

ルールを設け、部下が独自で判断できるようにしていこう。

1 日本経済新聞2020年10月13日
https://www.nikkei.com/article/DGXMZO64867140Q0A011C2K15300/
2 キャリアコンパス
https://ix-careercompass.jp/article/158/
3『〈NJセレクト〉ストレスに負けない技術』(田中ウルヴェ京、奈良雅弘・日本実業出版社)

第7章

それでも「リーダーは向いていない」と思ったら

「できる部下」に萎縮する自分を直したい

スタープレイヤーを育てた名監督がプレイヤー時代はイマイチだったことは多い。
プレイヤーとリーダーは、使う筋肉が全く違うから、不思議ではない。

勝負するところは、そこではない

年功の要素が薄くなった今、増えている悩みがこれ。
「部下のほうがスキルがある」といった悩みです。
私の研修を受講される方も、まさにその傾向にあります。
このスキルバランスに起因する悩みが、本当に増えました。
でも、悩む必要なんて、ありません。なぜだと思いますか。
「役割が全く違うから」です。

吉本興業の社長が、芸人さんより、おもしろい人である必要もないでしょうし、野球選手の監督が、スター選手より成績がよかったという必要もないでしょう。

例えば、メジャーリーグの名将、ジョー・マドン氏。

大谷翔平のリアル二刀流を支えたことで、日本でも有名になりました。

実は、名将として有名な監督で、タンパベイ・レイズの監督としては「レイズ旋風」を、シカゴ・カブスの監督としては、カブスとカブスファンを長年にわたって苦しめ続けた「ビリーゴートの呪い」を解くなどの偉業も成し遂げ、実に最優秀監督賞を3度受賞しているのです。

さて、このジョー・マドン氏の選手としての戦績を聞くと驚くでしょう。

実は、カリフォルニア・エンゼルスのマイナーで捕手としてプレーしたものの、一度もメジャー昇格をすることのないまま1979年に引退をしています。

つまり、プレイヤーとリーダーは、使う筋肉が全く違うわけです。

あなたが必要とするのは、リーダーとしての役割です。この違いを押さえないと、ジョー・マドン氏は、選手全員に遠慮せざるを得なかったでしょう。

リーダーが、部下に「負けてはいけないこと」とは？

となると、リーダーが絶対に負けてはならないこととは、いったい何なのでしょう。

それは、**チームパフォーマンスを高めることに、誰よりも本気になること**です。

ここは、絶対に負けてはいけません。

まず、チームの目標を掲げ、その目標に向け、チームを率います。


時には厳しいジャッジも必要になります。

私も、何度も直面してきました。

一例を紹介しますと、業務のスキルの高い部下から、こんな交渉をされたことも数えきれません。

「自分を昇格させせないと辞める」といった脅しのような交渉です。

さて、この部下を主任や課長にすべきでしょうか。

私は、要件が満たせていないなら絶対にしません。

チームの成果を誰よりも高めることに本気になる役割を担う者としては、そんなイージーな判断はできません。チームの未来を考えるなら、なおさらです。

あまりに強気に出てくるようなら、「辞めるなら、辞めろ」と思っていいのです。

その代わり、本気で理解させてください。今、本人が何を必要とすべきかを。

ここで、思い出してほしいのが、この本でも紹介した「Will-Can-Must」です。

メンバーの「強み(Can)」、メンバーの「志向(Will)」を把握し、「役割(Must)」を与え、支援していきましょう、というものでした。

決着すべきは、伸ばすべき「Can(能力)」を一緒に鍛える方向です。

本人が納得するなら、「その期限」と「達成基準」を明確に本人に決めてもらうのもおすすめです。

その勝負に乗って飛躍する部下もいますし、そこで終わる部下もいます。

私の場合、この交渉で、1人の部下も辞めていません。

別に業務スキルでは、負けてもいいのです。

POINT

リーダーは、業務スキルで負けてもいい。

でも、チームのことを本気で考えること。

「自分に反抗する部下」とうまくやる方法

「話せばわかる」とは言うが、話してもわからない人もいる。やさしい先輩、いい人といった人柄だけでは、リーダーはやっていけない。

部下が、まったく受け入れてくれない時

着任した組織で、部下に受け入れてもらえない事態に遭遇したら知っておいてほしいことがあります。

もちろん、正攻法は会話を重ねることです。ここはやってください。

それでも、快方に向かわず、むしろ他のメンバーによくない影響が出そうと思った時の対処法を紹介します。

「権限を正しく使う方法を知る」です。

では、また、私のケースを紹介しましょう。本当に、いろいろな経験だけはしてき

ているとと自負しております。

着任して、会話もほとんど交わしていない状況なのに、どことなく、「部下がよそよそしい」のです。明らかに私に対する拒否感が出ていたことがわかりました。「お手並み拝見」のテストのようなもの。

今は、違いますが、かつてのリクルートグループは、主張の強いメンバーもいたことから、「お手並み拝見」からスタートすることが少なくなかったのです。

でも、そのテストは、簡単にクリアできます。会話を重ねても快方に向かわない時、この方法を使えば、早ければ1か月以内、遅くても半年から1年もあれば、問題ありません。

「権限」のカードを持っていることを忘れてはいけない

では、ある時のケースを紹介しましょう。

部下は8人。当時は、吸収合併した部門に、落下傘のように管理職として着任しました。部下はおもしろいはずがありません。

「あなたたちは進駐軍が来たようなもの」と、歴史の授業でしか聞いたことがない言葉で揶揄されたことも覚えています。

でも、その抵抗者の急先鋒であったW君がお客様からクレームをもらってしまったことから流れが変わりました。

上司として一緒に出向くことになったのです。

でも、お客様の話を聞けば聞くほど、W君に落ち度は全くなく、お客様がムリを言っていることがわかりました。言ってみれば、「ゴネたらなんとかなる」的なやりとりを仕掛けられていたのです。ちょっとタチも悪く、脅迫じみたことも言葉にされます。W君はくやしさのあまりに表情をこわばらせています。

私はお客様にこう言いました。

「もし、この交渉を続けられるようでしたら、弊社は、金輪際お取り引きができなくなります。これは、私の判断です。私は、そのことを一任されて来ています。でも、本音を言わせてもらっていいですか。私は、社長のお役に立ちたいと思ってここにいます。社長、どうでしょう。もう、いいんじゃないですか?」と。

これで一件落着。W君はそれ以来、私に抵抗することはなくなり、むしろ応援をしてくれるようになりました。

これは、「権限」を持っているからこそ、できたわけです。

「この人は怒らせると怖い。怒るのは、事業の存続、お客様の権利、部下の尊厳を守るため」と、権限を正しく使える人になればいいのです。

この「怒らせると怖い」といった迫力は、上司として重要なカギだと考えています。

だからこそ、「権限」を得るためにも、普段から上司と話すことをおすすめします。

さらに突っ込んだ話をしましょう。

「人事の権限」も、まさにそう。

直接的な権限がないとしても、上司と話をすることはできますよね。

人事は、組織における「最高のメッセージ」です。チームワークをとらず、他の部下の尊厳を虐げる人がいたとしましょう。注意しても快方に向かわない場合、昇格させない、場合によっては降格させる、または異動、と人事権を行使します。

権限を正しく行使し、「怒らせると怖い」人になる。

内向型リーダーこそ、身に付けておきたいセオリーだと私は考えています。

POINT

抵抗勢力は味方にできる！

権限を正しく使えるリーダーになろう。

「降格になるのでは？」という不安から逃れる方法

家庭で親がピリつくと、家の居心地が悪くなるのは「情動伝染」の仕業。困ったことにネガティブな感情のほうがより伝染してしまうのである。

「降格になるのでは」とヒヤヒヤしていないか

自分にはリーダーは向いていないと思っている人への質問です。
「いつか、降格になるのでは」という不安でヒヤヒヤしていませんか。
でも、先に結論を言いますね。
「降格や昇格は、ただの出来事」ととらえるくらいのほうがいい。
そんなことよりも大事なことがあります。
それを私は様々な会社の人事、経営者の方々と接して確信しています。
あなただけのことではなく、その時の会社の事情に左右されることが多いからです。

拙著『できるリーダーは、「これ」しかやらない』(PHP研究所)でも紹介した、自分の苦い経験があります。

ある事情から組織が3分の1に縮小し、管理職のポストが減ったために、会社は、私か、もう1人を便宜的に降格させる必要にかられたのです。どこかで自分ではないだろうと思っていましたが、私のほうが降格してしまったのです。

さすがにショックでした。人事考課はむしろ良く、上司からはほめられていましたから意味がわかりません。上司に詰め寄りましたが、その理由は教えてくれません。

10年以上がたち、当時の役員に昔話として聞いたことがありました。

「え、聞いていなかったの。そりゃ、悪いことした。あの時の事情を考えると、関西出身の伊庭より、組織長はあの地域出身の人のほうがいいのでは。そんな話だった。ポストオフではなく、スグに戻すつもりの一時的な処遇だった」と。

あのショックを返してくれ、と思ったものです。

人は、一時の人事のことを、そこまで注目しているものでもなく、実際、それを知る同僚は、ほぼいませんでした。そんなものです。

でも、こう思っています。

どんな理由でも、あの降格があってラッキーだった、と。

役職は役割であり、身分ではない

私の本音を言いますね。

「部長、課長、主任。たかだか、役割でしかない。決して、身分ではない」

まず、これが前提。これは理解いただけますよね。

では、進めます。

「部長と課長と係長。どれも、尊い役割だが、固執するものではない。

会社がなくなったとして、他社から声がかかるくらいに、自分の能力を高め、自分の能力を高く売る方法を知ったほうがいい」、これが私の偽らざる考えです。

私自身は、この妙な降格で確信したことがありました。

どこで、何をやっても通用する、サバイバル的な感覚が大事になっている、と。

もし、会社がなくなって、役職もなくなり、収入がガタ落ちしてしまったら、誰も見向きもしてくれないのではないか。そんな不安を感じる人が少なくないからこそ、改めてもっておくべき感覚だと確信したのです。

だから、提案です。

「降格したら」という、その不安があるならうまく活かしましょう。

降格してからより、降格する前に、その感覚を持てるわけですから、ラッキーです。

まず役割を全うする、と覚悟を決めてみてください。

そして、その不安を断ち切るべく、この本でここまでで紹介したことにトライしてみてください。

悩んでいる暇なんてなくなるはず。周囲の見る目も変わっていることでしょう。

私も、その降格後、ポジションを戻す話をいただくようになりましたし、その頃、同規模の競合他社から事業部トップのポジションでオファーが来ていましたが断りました。むしろ、役職については「どっちでもいい」と思えるようになっていました。

起業し、経営者になった立場として思うことがあります。

役職に固執している人は、本人が気づかない以上に、周囲の人望が低いものです。

あなたが役割を本気で全うすると、誰もあなたを放っておかなくなるでしょう。

POINT

まず役割を全うする、と覚悟を決めてみる。
すると、不安はなくなる。

何をやってもうまくいかないと泣きたくなる時

幸運な人がいるのではなく、
その人は、あることをして、ただ幸運を呼び寄せているだけのことである。

何をやってもうまくいかない時

あなたは、何をやってもうまくいかない、という事態に追い込まれたことはありますか。ここでは、何をやってもうまくいかないジレンマを抱える人へのヒントを紹介します。

まず、はじめにこう考えてください。

「誰だって、そんなことはある」と。
そして、出口の鍵は「セレンディピティ」にある、と。

聞きなれない言葉で恐縮です。解説しますね。

まず、「誰だってそんなことはある」について。

学生時代の勉強とも異なり、ビジネスは頑張っても、頑張っても出口が全く見えないこともあります。

例えば、コロナ禍での、旅行業、飲食業は、まさにそうでしたよね。

信頼のブランドであっても、すご腕の調理師であっても、出口が見えませんでした。なにも、コロナ禍に限りません。

その前のリーマンショックの時もそうでしたし、さらに前のＩＴバブル崩壊時もそうでした。個人の頑張りでは、コントロールできない事態だったわけです。

競合会社が、半値で売り出す、消費者の流行に翻弄されることも日常茶飯事。

むしろ、「頑張れば、なんとかなる」といったモードで頑張っていること自体が、問題であり、むしろ「何をやってもうまくいかない」というのは普通のことだ、と捉えておくのが健全な発想です。

大事なことは、その時に焦らないマインドを持つ、ということです。

では、具体策を紹介しましょう。

歩きながら、「セレンディピティ」を待つ

さて、次に紹介したいのは「セレンディピティ」。

「思いもよらない偶然がもたらす幸運」を意味する言葉で、言い換えると、「偶然の幸運を引き寄せる」といった意味でも、ビジネスで使われます。

まず、セレンディピティを得るための法則を知っておくといいでしょう。

まずやっていただきたいことが、あります。

「ずっと打開策を考え続ける」「人との接点を絶やさない」、「アイデアを迅速にやってみる」、この3つです。

テレビ番組[1]（NHK「逆転人生」）でも紹介された、コロナ禍にあって奇跡の復活を遂げている観光レジャーの予約サイト「アソビュー」の復活劇は参考になるでしょう。

若い山野社長は、コロナ禍で売上ゼロに落ち込み、投資家からも見放され、社員の雇用もままならない状況に追い込まれたそうです。出口が見えない悔しさから、夜は考えるためにも、ジョギングをしたそう。涙で目が曇ったともいいます。

しかし、その4か月後にはV字回復。過去最高益を出したというのです。

そのきっかけは、1人の営業が池袋の水族館の悩みを持ち帰ったことでした。

チケット売り場の「密」を生じさせない対策が急務というのです。

そこで、山野社長は、「入場日時指定チケット」を販売するアイデアを思いつき、2週間で開発し、その水族館に入場日時指定チケットの販売システムを納入したのです。これが、他の施設にも導入される起死回生のヒットとなったのでした。

さて、質問をさせてください。

「電車に乗る気分になれない。2~3駅、歩いて行こう。考えるのによい時間だ」と思ったことはないでしょうか。まさにこれがセレンディピティを起こすチャンスです。歩きながら考えるのはおすすめの方法で、スタンフォード大学の2014年の研究では、「歩いている時、クリエイティビティが、60%もアップする」ことが示唆されています。ちなみに、スティーブ・ジョブズも歩いていたことで有名です。

もし、出口が見えない時、意識的に人の意見に耳に傾け、時には1駅ほど、歩いて考えるのはいかがでしょうか。幸運をもたらしてくれる可能性が一気に高まります。

POINT

出口が見えない時、あえて人の声に耳を傾け、歩きながら考えてみよう

そもそも、自分がリーダーに向いていないと思ったら

それは「生まれつき」かもしれないけど、
それを理由にしてしまうと、何も解決できない。

リーダーシップは後天的に習得できるというけれど

先に正論から言いますね。

「リーダーシップは後天的に鍛えられる」、それが今のリーダーシップの論調です。

でも、ここで、私が見る実態も添えると、こうなります。

「それでも、ダメな人」もいる。

では、この矛盾した話を解説しますね。もし、あなたが、自分はリーダーに向いていないと悩んでいるなら、ヒントにしてください。

ダメな人とは、うまくいかない時、「自分は向いていない」ことを理由にしてしまう人です。つまり、自分はこうだから仕方がないと自分の資質に理由を見出す人。

こうなると、「部下がついてこない」「売上浮上の策を出せない」「チームの一体感をつくれない」などの問題のすべては「自分は向いていないので」と自己完結してしまい、前に進むことができなくなります。

一方で、この自己完結の罠にはまらず、自分を変革できる人も多くいます。

名選手名監督にあらず、と酷評されながら、戦績が振るわずに読売ジャイアンツの監督をクビになった人が2人います。

長嶋茂雄氏と王貞治氏です。でも、この話を知る人は、もはやマニアだけでしょう。

むしろ、我々が知る2人は、そこから再起をし、長嶋氏はジャイアンツの、王氏は福岡ダイエー(現ソフトバンク)ホークスの監督として、名監督となった姿ではないでしょうか。

これは、どういったことなのでしょう。

「しなやかマインドセット」と「硬直マインドセット」

スタンフォード大学のキャロル・S・ドゥエック教授の学説は、このことに示唆を与えてくれます。

あなたは、どちら派？

	硬直マインドセット	しなやかマインドセット
難しい課題（本来、やるべきこと）	□ できる範囲で対応	□ 新しいやり方を試す
障害に直面（うまくいかない時）	□ 無理と思い込む	□ 集中し、自らを変えながらやり抜く
努力とは（努力の考え方）	□ できる範囲でやるもの	□ あらゆるリソースを活用してでも遂行するもの
他者からの低評価	□ 無視、否定	□ そこから学習
他者の成功	□ 脅威	□ 刺激

教授の著書『マインドセット：「やればできる！」の研究』[2]には、成果を出し続けたビジネスパーソンがどのようなマインドセットを持っていたかを研究した結果が紹介されているのですが、これがきわめて、わかりやすいのです。

成果を出し続ける人は「しなやかマインドセット」で、
成果を出せない人は、「硬直マインドセット」で戦っている、と。

しなやかマインドセットとは、厳しい結果や評価を受けたとしても、自分の努力で自分を変えることができるといった考え方。
硬直マインドセットは、その逆。結果をうのみにし、「自分には向いていないし、人はそう簡単には変わらない」という考え方。
もし、自分はリーダーに向いていないと思った時、しなやかマインドセットで、この本で紹介したメソッドをやってみてください。

POINT

真実は1つ。「人は変われる」
と思える人だけがチャンスをつかんでいる。

「リーダーをやってよかった」と思うために

「もう、地位や名誉、お金なんて、どうでもいいと思いました。ただ、婆ちゃんみたいな人になりたい」

（「ソフトバンク新30年ビジョン」での孫正義氏のことば）

リーダーになることの報酬とは

リーダーの報酬をどこにおくかで、努力のとらえ方は大きく変わるでしょう。私自身、元来はリーダー志向ではなく、めぐりあわせの中で、リーダーの任につき、最初は苦しみながらも、リーダーをやってよかったと思うようになりました。そして、「リーダーは絶対にやったほうがいい」と思えるようになった観点を紹介して、本書を締めくくりたいと思います。

リーダーの報酬、それは給料が上がることでも、名誉を得ることでも、社会的な信用を得ることでも、自由になることでも、ないと感じます。

「生きるためのチカラを鍛えてくれる」、このひとことに尽きると私は感じました。

まず、リーダーとは、「自己変革の旅」のようなもので、常に〝その時の自分の限界〟に直面します。

リーダーシップの旅は、景色を楽しむ「観光旅行」ではなく、山頂に向け、急斜面にトライし続ける「サバイバルな登山」のようなもの。

思ったように人が動いてくれない、抵抗する人もいると思えば、景気の悪化によって、業績の雲行きが怪しくなり、視界が真っ白で見えなくなったり、場合によっては、そんな中でも、サバイバルですから、厳しいことを部下に言わないといけないことも出てきます。

それが自分個人としては、言いたくないことであっても、役割として言わないといけないこともあるでしょう。

もちろん、その時はしんどいのですが、道程を振り返ると、ほとんどのことは、良い経験になっていると感じるから不思議です。

気がつけば、困難を乗り越えるチカラ、人間関係を整えるチカラ、自分はこうしたいと強く思うチカラ。これらが習得できていると感じるのです。

これって、どれも幸せな人生を歩む上では不可欠な能力ではないでしょうか。

想像してください。あなたのおかれる状況を。

俯瞰して、第三者の視座から、考えるとこうも見えませんか。

「役割」を与えてもらい、「給与」も少しばかり上げてもらい、「失敗」してもクビになることもない、そんな恵まれた環境で、自己変革のチャンスを得られるわけで、これほど恵まれたチャンスはない、と。

だからこその提案です。

5年後の未来の自分と対話をするのはいかがでしょう。

未来の自分と対話をしながら、今のリーダー職の任にあたってみませんか。

「部下が言うことを聞いてくれない」

「業績が厳しい」

そんな時、未来の自分と会話をしてみるのです。

「この苦境を5年後の自分から見ると、どのように感じるのかな。

〝打開策はあるぞ〟と言うのか。または、〝誰かに聞け〟というのだろうか」と。

実は、私は、未来の自分との対話を意識的にやっています。

特にリーダーになった時から、対話が増えました。

そのたびに、気づかされることがあります。

もし、「自分自身、リーダーに向いていない」と思った時こそ、未来の自分と対話をしてみてはいかがでしょう。

きっと、今のジレンマは、未来に向けての素敵なきっかけとなることでしょう。

POINT

リーダーの報酬は、お金ではなく、「幸せな未来をつくるチカラ」を手に入れること

1 NHK「逆転人生」
https://www.nhk.jp/p/gyakuten-j/ts/JYL878GRKG/episode/te/46MQ4227PZ/

2『マインドセット「やればできる!」の研究』(キャロル・S・ドゥエック著、今西康子訳・草思社)

伊庭正康（いば・まさやす）
（株）らしさラボ 代表取締役。
1991年、リクルートグループ入社。プレイヤー部門とマネージャー部門の両部門で累計40回以上の社内表彰を受け、営業部長、（株）フロムエーキャリアの代表取締役を歴任。2011年、研修会社（株）らしさラボを設立。年間200回を超える登壇を行い、リピート率は9割を超える。その活動は『日本経済新聞』など多数のメディアで紹介されている。Webラーニング「Udemy」でも、ベストセラーコンテンツとなっている。『できるリーダーは、「これ」しかやらない』（PHP研究所）など、著書は累計40冊以上。
＊無料メールセミナー（全8回）「らしさラボ無料メールセミナー」も好評。
＊YouTube：「研修トレーナー伊庭正康のスキルアップチャンネル」（登録者11万人超）
＊Voicy：「1日5分 スキルUPラジオ」も放送。

本作品は小社より2021年7月に刊行された『できるリーダーは「命令しない」「教えない」』を改題し、再編集して文庫化したものです。

だいわ文庫

できるリーダーは「教《おし》えない」
「自分《じぶん》で考《かんが》えて動《うご》く部下《ぶか》」を育《そだ》てるコツ

著者 伊庭《いば》正康《まさやす》
©2023 Masayasu Iba Printed in Japan
二〇二三年六月一五日第一刷発行

発行者 佐藤 靖
発行所 大和《だいわ》書房
東京都文京区関口一‐三三‐四 〒一一二‐〇〇一四
電話 〇三‐三二〇三‐四五一一

フォーマットデザイン 鈴木成一デザイン室
本文デザイン 岩永香穂（MOAI）
本文印刷 厚徳社
カバー印刷 山一印刷
製本 ナショナル製本

ISBN978-4-479-32057-9
乱丁本・落丁本はお取り替えいたします。
https://www.daiwashobo.co.jp